产业与科技史研究

第六辑

武 力 主编

科学出版社

北 京

内 容 简 介

本书收入产业与科技史研究的专题论文、访谈、书评、会议发言等共14篇，内容涉及中国国有企业与工业化关系研究，近代中国民族水泥工业发展路径研究，"临时中立"邮票归属之辨，战国中山国的金银工艺，中国机械史研究七十年，古代织锦技艺的探索，中国古代纺织的精湛技艺和当代纺织非遗传承，核工业六十年取得的六大成就，路耀华、李国强在2019年《中国工业史》编纂工作会议上的讲话，史丹在中国工业史专业委员会成立大会上的讲话，胡兆森参加一届全国人大一次会议口述资料，《战争与工业》书评等。这些文章从不同角度对产业与科技史相关问题进行了案例研究和理论探索，资料丰富，论理有据，颇具参考价值。

本书适于对中国近现代史、经济史、产业史和科技史感兴趣的读者阅读。

图书在版编目（CIP）数据

产业与科技史研究. 第六辑 / 武力主编. —北京：科学出版社，2019.12
ISBN 978-7-03-063813-7

Ⅰ. ①产… Ⅱ. ①武… Ⅲ. ①企业史-技术史-研究-中国 Ⅳ. ①F279.29

中国版本图书馆 CIP 数据核字（2019）第 288113 号

责任编辑：李春伶 / 责任校对：王晓茜
责任印制：张 伟 / 封面设计：黄华斌

科 学 出 版 社 出版
北京东黄城根北街 16 号
邮政编码：100717
http://www.sciencep.com

北京虎彩文化传播有限公司 印刷
科学出版社发行 各地新华书店经销

*

2019 年 12 月第 一 版 开本：889×1194 1/16
2019 年 12 月第一次印刷 印张：8 3/4
字数：200 000
定价：88.00 元
（如有印装质量问题，我社负责调换）

《产业与科技史研究》

目　录

中国国有企业与工业化关系研究：
1949—2019（上）

王绍光

摘　要：过去 70 年，中国经济最大的变化是实现了工业化，并且工业化的水平越来越高。在这个过程中，国有企业扮演了不可或缺的角色。本文讨论中华人民共和国成立以来国有企业与工业化的关系，用大量数据展示，在过去 70 年里，中国经济发生了多大的变化，中国工业发生了多大的变化，以及国有企业在这翻天覆地的变化中做出了多大的贡献。

关键词：国有企业；工业化

过去 70 年，中国经济最大的变化是实现了工业化，并且工业化的水平越来越高。在这个过程中，国有企业扮演了不可或缺的角色。本文讨论过去 70 年里国有企业与工业化的关系，主要不是理论分析，更多的是展示各种各样的数据，以显示在过去 70 年里，中国经济发生了多大的变化，中国工业发生了多大的变化，以及国有企业在其中做出了多大的贡献。

什么叫工业化？《现代汉语词典》对工业的定义是："工业就是采取自然物质资源制造生产资料或对各种原材料进行加工的生产事业。"[①]工业化则是指，从传统农业社会向现代工业社会转变的过程，或以机器为特征的近现代工业逐步发展，并在国民经济中逐步占据主要地位的过程。此处在"工业"前面加了"现代"二字，因为工业还包括传统的手工业制造；如果工业停留在传统手工业制造阶段，恐怕还不能算"工业化"。

看一个社会到底是否发生工业化，可以借助四个简单的指标。

第一是结构变化，首先，国民经济的构成是否发生了变化？农业的比重多大？工业的比重多大？第三产业的比重多大？其次，在工业部门内部，生产资料的生产是否扩大？这里所谓生产资料是指不能直接吃、喝、穿、用的东西，而是为生产吃、喝、穿、用的东西而需要制造的其他东西。轻工业生产出来的东西能直接吃、喝、穿、用，重工业生产出来的东西不能直接吃、喝、

王绍光（1954—），清华大学公共管理学院、苏世民书院教授、国情研究院特聘研究员、香港中文大学荣休讲座教授

---

① 《现代汉语词典》第 5 版，第 470 页。

穿、用。考察结构变化，要关注轻、重工业的比重发生了什么变化。是轻工业也好，是重工业也罢，还应看其产品结构是否发生了升级换代？其技术含量是否有所提升？

第二是量的增长，包括生产总量、人均产量的增长。很显然，量的变化与经济增长速度有关。

第三是效率提升，就是生产同一样东西用多少时间？用多少劳动力？用多少原材料？用专业语言说，效率既包括劳动生产率，也包括全要素生产率。

第四是地区分布，即在一个国家的范围里面，工业化是集中在某一个特定的区域，还是扩散到了其他的区域？是在全国范围内实现了工业化，还是仅仅在某几个小的点上实现了工业化？这应该是衡量工业化不可忽略的一个指标。

早在中华人民共和国成立以前，毛泽东同志就对中国的工业化提出两大期待，体现在他说过的两段话里。第一段话是1945年他在党的七大上讲的："在新民主主义的政治条件获得之后，中国人民及其政府必须采取切实的步骤，在若干年内逐步地建立重工业和轻工业，使中国由农业国变为工业国。"①也就是说，他的第一个期待是，中国要"由农业国变成工业国"。

第二段话是1949年3月份毛泽东刚刚到达北京时讲的。他指出当时"还没有解决建立独立的完整的工业体系的问题，只有待经济上获得了广大的发展，由落后的农业国变成了先进的工业国，才算最后地解决了这个问题"②。他的第二个期待是，中国不仅要实现工业化，还要在自己的土地上建立独立的、完整的工业体系。

后面笔者将用数据检验新中国的工业化成就，看看毛泽东去世前后，他的两个期待是否实现了？

到中华人民共和国成立前两天，中国人民政治协商会议第一届全体会议于1949年9月29日通过了起临时宪法作用的《中国人民政治协商会议共同纲领》（简称《共同纲领》）。《共同纲领》第28条规定了国有企业的使命："国营经济为社会主义性质的经济。凡属有关国家经济命脉和足以操纵国民生计的事业，均应由国家统一经营。凡属国有的资源和企业，均为全体人民的公共财产，为人民共和国发展生产、繁荣经济的主要物质基础和整个社会经济的领导力量。"注意这里讲的不仅仅是"国有"，而且还有"国营"。既然这种"国有""国营"的经济是"全体人民的公共财产"，所以在很长时间里，我们曾把国有经济叫作"全民所有制经济"。

《共同纲领》第35条提出了工业化的使命："应以有计划、有步骤地恢复和发展重工业为重点，例如矿业、钢铁业、动力工业、机器制造业、电器工业和主要化学工业等以创立国家工业化的基础。"这里突出了优先发展重工业的重要性。

由此可见，《共同纲领》不是一个简单的政治声明，它包含丰富的内容，讲得很细、很具体，可以说规划了中国工业化的道路。

本文分为三部分：第一部分讲新中国的起点，如果不把起点讲清楚，就很难理解后来70年到底取得什么样的成就；第二部分讲中华人民共和国成立的前30年和改革开放初期，中国如何"由农业国变为工业国"，如何建

---

① 毛泽东：《论联合政府》（1945年4月24日），《毛泽东选集》第三卷，北京：人民出版社，1991，第1081页。

② 毛泽东：《在中国共产党第七届中央委员会第二次全体会议上的报告》，载《毛泽东选集》第四卷，北京：人民出版社，1991，第1433页。

立起"独立的完整的工业体系",实现毛泽东的两个期待;第三部分讲 1984 年 10 月十二届三中全会以后中国如何由工业国变为工业大国。关于国有企业在整个 70 年历史过程中发挥的作用将贯穿于这三个部分的始终。

一、新中国经济发展的起点

关于新中国经济发展的起点,分四个方面加以考察,即经济、工业、资本、国有企业。后面两部分也从这四个方面展开讨论。不同的是,第一部分从"经济"讲起,最后讲到国有企业;而后面两部分将倒过来,从国有企业讲起,再讲资本、工业,最后讲到经济。

1. 经济的起点

看新中国经济的起点,我们一看结构特点,二看量的特点。

从结构上看,那时的中国是一个落后的农业国,在 5 亿多人口中间,只有大约 200 万人从事工业;工业总产值只占全国经济总量的 10%左右。不要说与美国、英国那些欧美国家相比,哪怕是与比较落后的苏联相比,1949 年的中国也要落后得更多:苏联成立前,1913 年它的工业比重已经占到了经济总量的 43%;基础工业方面,中国更加落后。

图 1 展示了传统产业与新式产业在工农业总产值中的比重。除了农业,这里所谓传统产业也包括落后的手工业。由此可以看出,1920 年时,新式产业仅在 7.37%;到全面爆发抗日战争前的 1936 年,也仅在13.37%,这已是全面爆发抗日战争前的最高水平。到 1949 年,东北新式产业加进来以后,全国新式产业的比重提升至工农业总产值的 17%,其余超过八成仍是传统产业,主要是农业。如果谈到由制造业、采矿业和公共事业构成现代部门,其份额更小;以 1933 年为例,它仅占 GDP 的净值大概 3.4%,实在是经济中非常非常小的一个板块。

图 1 传统产业与新式产业在工农业总产值中的比重

资料来源:许涤新、吴承明主编:《中国资本主义发展史》第三卷,北京:人民出版社,2003,第 756 页

到中华人民共和国成立后的 1952 年，中国国民经济的总体水平已经超过抗日战争全面爆发前最高水平。这时，新式产业的占比上升才达到 26.6%。图 2 对这一年国内生产总值的构成进行了更细的分解。我们看到，第一产业还是占整个 GDP 的大头（51.0%），工业，建筑业，交通运输、仓储和邮政业加起来大约占 1/4，其他服务业与批发和零售业加起来大约也占 1/4。总体而言，此时的中国依然是典型的农业国。

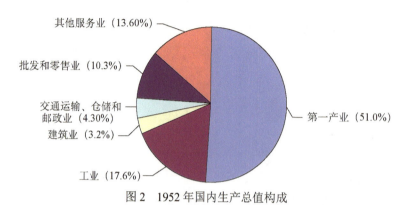

图 2　1952 年国内生产总值构成

资料来源：国家统计局国民经济综合统计司，《新中国 60 年统计资料汇编》，《中国统计年鉴》，中国经济与社会发展统计数据库

与中国的邻国印度相比，在 1949—1950 年期间，印度的经济结构比中国稍微先进一点，工业就业人员、服务业就业人员占就业总量的比重都比中国高，但农业就业人员比重比中国低。由于印度农业的气候等自然环境也比中国好，它的人均 GDP 比中国高 1/3。那时，虽然中印都是穷国，但中国则更穷一些（表 1）。

表 1　1949—1950 年中国与印度经济状况对比

经济指标	中国	印度
人均 GDP（2018 年不变价国际美元）/美元	666	930
农业占 GDP 比重/%	59	51
大规模制造业和公共事业占 GDP 比重/%	9	6
农业就业人员占就业总数比重/%	77	72
工业就业人员占就业总数比重/%	7	11
服务业就业人员占就业总数比重/%	16	17

资料来源：人均 GDP 数据来自 The Conference Board，Total Economy Database，April 2019，https://www.conference-board.org/data/economydatabase/TED1；其他数据来自阿什瓦尼·塞思、谷晓静、别曼：《中国和印度：不同绩效的制度根源》，《发展与变迁》2008 年第 5 期

中国不仅人均 GDP 比印度低，放到全世界各国里去比，中国也是非常低的。世界银行的数据往往只能追溯到 1960 年，而 Conference Board 的数据从 1950 年开始。在 Conference Board 的数据库里，1950 年，有 126 个国家的数据。排除三个海湾石油国家的极端个例，图 3 按数据库中每个国家各自人均 GDP 的水平由高到低进行排列，中国位于倒数第 7 位，也就是属于世界上最落后的国家之列。这就是我们经济的起点。

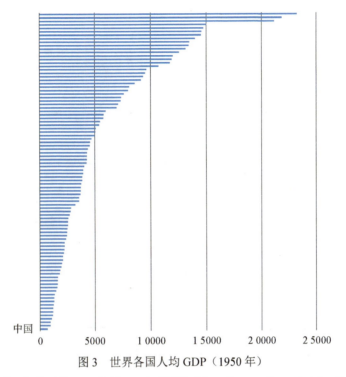

图 3 世界各国人均 GDP（1950 年）

资料来源：The Conference Board，Total Economy Database，April 2019，https：//www.conference-board.org/data/economydatabase/TED1

2. 工业的起点

旧中国的工业，绝大部分是手工业，机器工业很少很少。手工业制造的不是农产品，而是工业产品，但是几乎全靠手工制作出来。这种生产方式也许已经存在了几百年，甚至上千年，产量低、质量差、品种少，不能与现代工业同日而语。1933 年，手工业产值占工业总产值的 73%，现代机器工业只占 27%。

即使在机器工业里面，绝大部分是半机械化生产，一半用机器一半用人，人均马力非常低，技术非常落后。今天谈专利，用的数字是几万个、几十万个、几百万个，而 1912—1936 年，中国平均每年只有 11 件专利，可见技术有多么落后。

从工业部门结构来讲，绝大部分工业生产消费产品，即直接能吃、喝、穿、用的日常生活用品，占 70% 左右；生产资料的工业产值比重很小，只有 30% 左右。那时候，中国著名的厂家无非是些纱厂、面粉厂、火柴厂而已。

从地理分布来看，绝大部分现代工业集中在东部沿海地区，尤其是上海；内陆只是几个大城市，如重庆、武汉点缀着一点点现代工业。进入中国腹地，很难找到现代工业的痕迹。

当时中国的工厂数量少、规模小。1949 年中华人民共和国成立时，中国总共约有 12.3 万家私人工业企业，其中雇佣十人以上的只有 1.48 万家左右，这种稍大一点的私营工业企业占总量的 12% 左右。也就是说，按当时的标准，雇佣十人以上就算上规模的企业了。放在今天，这种企业只是比个体户稍大一点。1949 年，中国的私营工业企业一共才雇佣约 164.4 万工人，其中约 92.5 万在十人以上的工厂工作。所有这些企业加在一起，他们的资本净值只有 25 亿元左右，总产值只有不到 70 亿元；其中十人以上私营工业的资本净值为 14 亿元，产值为 46.6 亿元（表 2）。

表 2　1949 年中国的私营工业

项目	全部私营工业	十人以上私营工业	十人以上私营工业占总量的比重/%
工厂数量/家	123 165	14 780	12.00
职工人数/人	1 643 832	925 477	56.30
资产净值/亿元	20.08	14.056	70.00
总产值/亿元	68.28	46.635	68.30

中华人民共和国成立后，私人工商业发展势头挺好。到 1953 年，全国私营工业企业的数量增加到 15 万个，但它们规模还是不大：职工在 500 人以上的企业全国一共只有区区 167 个，占总数的 0.1%。而在十月革命之前，俄国雇佣 500 人以上的企业已经占全部企业的 54% 以上了。俄国本身就是一个落后国家，中国都没比过，更不用说与其他国家比了。早在 1907 年，德国雇佣 1000 人以上的工厂已经达 580 家之多。

别说职工 500 人以上的工厂是凤毛麟角，职工在 50 人以上的企业也不多，只占企业总数的 3.74%。职工在 10 人以上企业比中华人民共和国刚成立时大幅增加，但不到企业总数的 1/3；而在这些 10 人以上的工厂中，仍有 60% 的企业使用手工工具。其他约 70% 的工业企业，员工都是 10 人以下的手工业作坊，绝大多数是没有现代动力设备的，产品不能定型和按标准化大批量生产。不难想见，它们的生产方式有多么落后。

1953 年，中国使用机器的工业主要是轻工业而不是重工业，其中食品与纺织两个工业部门的职工人数与总产值分别占总数的一半以上，也就是生产用于吃穿的产品。那时的重工业主要是燃料工业，如煤矿，其产品固然可以用于生产资料的生产，但主要是直接用作消费，解决城市人口的烧水、煮饭问题。

落后的工业结构直接反映到落后的工业产品结构中。表 3 列举了中华人民共和国成立初期的主要工业产品，它们在 1949 年前的最高产量，以及在 1952 年的产量。从表 3 中，我们可以解读出很多东西，这里只讨论三个方面。

表 3　中华人民共和国成立初期主要工业产品产量

产品名称	单位	1949 年前最高年		指数（以 1949 年前最高年为 100）	
		年份	产量	1949 年	1952 年
纱	万吨	1933	44.5	73.5	147.4
布	亿米	1936	27.9	67.7	137.3
火柴	万件	1937	860	78.1	105.9
原盐	万吨	1943	392	76.3	126.3
糖	万吨	1936	41	48.8	109.8
卷烟	万箱	1947	236	67.8	112.3
原煤	亿吨	1942	0.62	51.6	106.5
原油	万吨	1943	32	37.5	137.5
发电量	亿度	1941	60	71.7	121.7
钢	万吨	1943	92.3	17.1	146.3
生铁	万吨	1943	180	13.9	107.2
水泥	万吨	1942	229	28.8	124.9

续表

产品名称	单位	1949 年前最高年		指数（以 1949 年前最高年为 100）	
		年份	产量	1949 年	1952 年
平板玻璃	万标准箱	1941	129	83.7	165.1
硫酸	万吨	1942	18	22.2	105.6
纯碱	万吨	1940	10.3	85.4	186.4
烧碱	万吨	1941	1.2	125	658.3
金属切削机床	万台	1941	0.54	29.6	253.7

第一，产品结构相当原始。前六种是人们日常消费离不开的轻工产品；第七至九种即原煤、原油、发电量是重工业产品，但主要用于人们直接消费；其余是重工业产品，主要用作生产资料。今天年轻人不一定知道的是，当年，在大多数产品的前面，往往会加上一个"洋"字。纱叫"洋纱"，布叫"洋布"，以示与"土纱""土布"不同；火柴叫"洋火"；香烟叫"洋烟"；糖叫"洋糖"[①]；煤油叫"洋油"，煤油灯叫"洋油灯"；石灰叫"洋灰"；就连最不起眼的铁钉也被叫作"洋钉"。几乎没有什么稍微现代一点儿的工业产品前面不带"洋"字，所有的东西都是"洋"。这个"洋"表达的意思是，要么是从外国进口的，要么是模仿洋货制造的。

第二，产量非常小。如果拿前六种消费品 1949 年前最好年份的生产量除以当时的人口总数（大约 5 亿），平均到每个人头，纱、布、盐、糖只有多大一点？再看钢产量，1949 年前最高年产量出现在 1943 年，为 92.3 万吨；1949 年下降到 15.8 万吨，相当于 1943 年的 17%；1952 年钢产量超过 1949 年前最高产量，达到 135 万吨。但即便如此，135 万吨平分到每个中国人，一个人只有 2.4 千克。发电量也是如此，中国现在每一天的发电量就是 1949 年前最高全年发电量的三倍！

新中国工业的起点之低，仅与现在比，也许说服力不足，毕竟已经过去了 70 年。而与印度作同期比较，可能更容易凸显中国工业当时有多么落后。从表 4 可以看得清楚，中国的很多产品都不如印度。印度的人口当时是 3.5 亿人，中国当时是 5.4 亿人。印度的产量在钢、生铁、糖、水泥、硫酸、原油这些方面是中国的 1 倍、2 倍、3 倍、4 倍、5 倍一直到 8 倍之多；纱、布、发电量也比中国高。中国产量超过印度的产品只有原盐、烧碱、卷烟、纯碱，然而平均到每个人，即使在这几方面，印度与中国也差不了太多。看了这张表，也许我们才能更好地体会，为什么直到 1954 年 6 月毛泽东还有这样的忧虑："我们现在能造什么？能造桌子椅子，能造茶碗茶壶，能种粮食还能磨成面粉，还能造纸。但是一辆汽车、一架飞机、一辆坦克、一辆拖拉机都不能造。"[②]

表 4　1949 年中国主要工业产品与印度相比

项目	单位	中国 1949 年	印度 1949 年	印度为中国倍数
钢	万吨	15.8	137.0	8.68
生铁	万吨	25.0	164.0	6.55

---

① 笔者小时候在武汉长大。那时武汉有种早点，叫作"洋糖发糕"，不过就是一般的甜味发糕，因为用了糖，就被叫作"洋糖发糕"。

② 毛泽东：《关于中华人民共和国宪法草案》（1954 年 6 月 14 日），载中共中央文献研究室编：《毛泽东文集》第 6 卷，北京：人民出版社，1999，第 329 页。

续表

项目	单位	中国 1949 年	印度 1949 年	印度为中国倍数
糖	万吨	20.0	118.0	5.90
水泥	万吨	66.0	186.0	2.82
硫酸	万吨	4.0	10.0	2.50
原油	万吨	12.0	25.0	2.08
纱	万吨	32.7	61.5	1.88
布	亿米	18.9	34.6	1.83
发电量	亿度	43.0	49.0	1.14
原煤	亿吨	0.3	0.3	1.00
原盐	万吨	299.1	202.0	0.68
烧碱	万吨	1.5	0.6	0.40
卷烟	万箱	160.0	44.0	0.27
纯碱	万吨	8.8	1.8	0.20
人口	万人	54167.0	35051.0	0.65

第三，1952 年后，中国主要工业产品的产量已经全面、大幅度超过 1949 年前最高产量。除了落后以外，中国当时的工业主要集中在占中国国土面积不到 12% 的东部沿海地区，主要是两大块，一个是上海，一个是东北。沿海地区还包括天津、青岛、广州、南京、无锡这些城市；除了武汉和重庆以外，内陆地区几乎很少有现代工业；到了边疆少数民族地区，几乎完全没有现代工业的痕迹。[①]

由此可见，无论用什么指标衡量，当时中国的工业都远远落后于世界其他地方。

3. 国家资本的起点

要发展工业、发展现代经济就需要有资本投入。上文已经讲到，西方国家工业化的起步靠殖民主义、奴隶贸易攫取了资本原始积累的"第一桶金"。新中国的资本积累不可能这么做。不仅不能这么做，我们还面临西方帝国主义的重重封锁，它们千方百计地卡我们的脖子，企图置新中国于死地而后快。新中国的资本积累只能靠中国人民自己。

分析新中国成立之前资本积累的状况，我们可以借助于许涤新、吴承明在《中国资本主义发展史》第三卷中使用的"资本体系"作为分析框架。这个体系将资本分成工业资本（A）、交通运输资本（B）、产业资本（C）、商业资本（D）、金融业资本（E）。工业资本涵盖近代化工厂制造业、水电等公用事业、全部矿冶业（包括土法采矿和冶炼）。交通运输资本涵盖包括铁路、公路、轮船、民航、邮政、电信。产业资本是 A 与 B 的总和。商业资本涵盖市场商品一次交易所需资本。金融业资本包括所有新式和旧式银钱业，但不包括投资公司。[②]

在旧中国，无论是这个体系里的哪类资本，来源都有三种：外国资本、官僚资本、民族资本。表 5 描述了这五类三种资本在 1947/1948 年的情况。

① 汪海波：《新中国工业经济史：1949.10—1957》，北京：经济管理出版社，1994，第 61 页。
② 许涤新、吴承明主编：《中国资本主义发展史》第三卷，北京：人民出版社，2003，第 735—736 页。

我们看到，工业资本规模很小，外资资本、官僚资本与民族资本加在一起也才 37.1 亿。即使加上交通运输业资本 28.4 亿，整个产业资本加在一起是 65.5 亿左右。而商业资本、金融业资本加在一起是 77 亿左右。换句话说，当时产业资本的体量不如商业与金融业资本的体量。

表 5　中国资本总额（1947/1948 年）

项目	外国资本		官僚资本		民族资本		总计	
	数额/法币亿元	比重/%	数额/法币亿元	比重/%	数额/法币亿元	比重/%	数额/法币亿元	比重/%
工业资本	6.2446	16.84	15.9874	43.11	14.8492	40.05	37.0812	100.00
交通运输资本	1.0968	3.86	26.0205	91.56	1.3007	4.58	28.418	100.00
产业资本	7.3414	11.21	42.0079	64.13	16.1499	24.66	65.4992	100.00
商业资本	1.5348	4.01	0.3	0.78	36.4	95.20	38.2348	100.00
金融业资本	2.2888	5.91	34.4	88.85	2.029	5.24	38.7178	100.00
资本总额	11.165	7.84	76.7079	53.85	54.5789	38.31	142.4518	100.00

资料来源：根据许涤新、吴承明主编：《中国资本主义发展史》第三卷（北京：人民出版社，2003）第六章《中国资本主义发展的水平》提供的数据整理

注：表中的单位"法币亿元"为 1936 年币值，下同

所有这四类资本的总和是 142 亿多一点点，平均到每个中国人头上只有 26 块钱。其实，这 142 亿并不都是国内资本。外国资本是指英国、美国等西方国家在中国的投资。减去 11 亿元的外国资本，国内资本只剩 131 亿元，平均每人只有 24 元。

国内资本的大头是官僚资本，约 76.7 亿元，主要包括国民党官营企业的资本，抗日战争胜利后没收日本、德国、意大利三国及日伪汉奸的资本。官僚资本集中在两个领域：交通运输业与金融业，前者占比 91.6%，后者占比 88.9%，都处于绝对主导地位。即使在工业领域占比没有这么高，但所占份额（43.1%）依然比外国资本（16.8%）和民族资本（40.1%）都高。

民族资本或私人资本发展了几十年，到 1949 年前规模依然不大，约 54.6 亿元，只占资本总额的 38.3%。更何况，在这 50 多亿元私人资本中，产业资本只有 16 亿元，占不到 27.2% 的份额，70% 以上的私人资本集中在非生产领域，即商业与金融业，尤其是商业。16 亿元私人产业资本意味着平均每个中国人 3 块钱的投资，能指望它担负起中国工业化的重任吗？表 6 明确告诉我们，到中华人民共和国成立前夕，在与工业化直接相关的产业资本中，份额最大的是官僚资本，占这类资本的 2/3。

表 6　1911—1948 年中国产业资本总量的变动情况

项目	1911/1914 年	1920 年	1936 年		1947/1948 年
数额/法币亿元			包括东北	不包括东北	
外国资本	10.22	13.30	57.18	19.59	7.34
本国资本	7.66	12.49	42.73	35.87	58.16
官僚资本	4.78	6.70	22.25	19.89	42.01
民族资本	2.88	5.80	20.48	15.97	16.15
资本总额	17.88	25.79	99.91	55.46	65.50

续表

项目	1911/1914 年	1920 年	1936 年		1947/1948 年
比重/%			包括东北	不包括东北	
外国资本	57.16	51.56	57.23	35.32	11.21
本国资本	42.84	48.44	42.77	64.67	88.79
官僚资本	26.76	25.96	22.27	35.87	64.13
民族资本	16.08	22.48	20.5	28.8	24.66
资本总额	100	100	100	100	100

资料来源：根据许涤新、吴承明主编：《中国资本主义发展史》第三卷（北京：人民出版社，2003）第六章《中国资本主义发展的水平》提供的数据整理

从时间纬度来看，从辛亥革命一直到中华人民共和国成立前夕，产业资本的构成一直在变化。在第一次世界大战之前（即 1911—1914 年），全国的资本总额大概是 17.9 亿；30 多年后，到 1947—1948 年，增加到 65.5 亿，涨了 3 倍多，不到 4 倍。后面我们将会看到，在 1952—1984 年这 30 多年里，新中国的资本总量翻了多少倍。通过对比，我们才会知道，沿着旧中国的老路走下去，只能走多远。

在中华民国存在的 30 多年里，产业资本中的民族资本部分有所增加，1947—1948 年是 1911—1914 年的 5.6 倍，增幅虽然看似不小，但因为起点很低（2.9 亿元），到中华人民共和国成立前一两年也只有 16.2 亿元。同期，外资先升后降，1947—1948 年的不及 1911—1914 年的 72%。

在这 30 多年里，官僚资本份额增量最大。辛亥革命前后，官僚资本不多，只有 4.8 亿元，约占产业资本的 1/4；到中华人民共和国成立前夕，它已增至 42 亿元，约是前者的 8.8 倍。这里很重要一个原因是抗日战争的胜利，因为中华人民共和国成立前在中国的外国资本主要是日本资本，日本资本主要集中在中国东北。抗日战争胜利后，日本资产的一部分被苏联红军拿走了，后来又还回来一些；但日资的绝大部分多被国民党政府接收，变成了国有资本。这就是为什么到 1947—1948 年，官僚资本已经占到整个中国产业资本的约 2/3。

综上所述，到中华人民共和国成立前夕，中国的产业资本里，帝国主义在华的工业占 11.2%，本国资本的占 88.8%；在本国产业资本所占 88.8% 中，官僚资本占 64.1%，民营资本占 24.7%。这主要是因为抗日战争结束以后占外国资本 87% 的日本资产被没收了，然后变成了国有资本，国民党政府手下的国有资本份额大幅度增加。这其实是一件好事。1949 年 2 月份，毛泽东在西柏坡会见苏联来的代表米高扬时，说过这样一段话："国民党在一定程度上为发展中国工业创造了有利条件。"为什么呢？因为"日本和国民党促使资本集中到国家手中，例如，东北的工业占 53%，其中 47% 在国家手中，6% 在私人资本手中"。这样，"中国工业的主要部分都掌握在国家手中"了。[1]也就是说，国民党政府没收敌产、实行国有化实际上为新中国创造了一个有利的条件。为什么新中国会推进国有化？实际上，共产党取得政权时，国有化的份额已经比较大了，尤其是在工业领域。

---

[1]　沈志华、崔海智：《毛泽东与苏共领导人第一次正面接触——关于米高扬访问西柏坡的俄国解密档案》，《冷战国际史研究》2014 年第 18 卷，第 388 页。

4. 国有企业的起点

中华人民共和国刚成立时，为什么中国会大力发展国有企业？首先是因为国有化是那时的时代趋势。这种时代趋势可以从四个方面看。

第一，国有化是近代中国各政党和政治文化精英的共识。孙中山便主张"发达国家资本，节制私人资本"，因为在他看来"中国不能和外国比，单行节制资本是不足的。因为外国富，中国贫，外国生产过剩，中国生产不足。所以中国不单是节制私人资本，还是要发达国家资本"。[①]国民党资源委员会两位重要的负责人翁文灏和钱昌照也认为，发展经济必须遵循三个原则：①现代化主要是工业化，中国建设必须以工业化为中心；②工业化必须以重工业建设为中心；③重工业建设必须以国营事业为中心。[②]不仅国民党的官方人士这么看，知识界也这么看。就连最亲西方的留美学生也不例外。1948 年春，北美中国学生基督协会曾对中国留美学生做过一次盖洛普式调查，调查发现，"目前在美的大学生对于久远的基本经济政策是主张社会主义"，51.5%的留学生主张在中国工业化过程中重工业和公用事业应该国营，更有 6%的人主张轻工业也应该国营，而主张完全民营者不足 5%。[③]这方面的材料非常之多，可以说是不胜枚举。

第二，国有化是第二次世界大战后世界各国的共识。以中国的邻国—战后朝鲜为例，无论意识形态有多大差别，大多数知识分子、新闻工作者、政党都相信，计划经济体系是朝鲜最好的选择。最激进的右翼政党（独立党）、最激进的左翼政党（共产党）、最保守的政党（民主党）统统持这种看法。就连驻朝鲜美国陆军司令部军政厅任命的民政长官安在鸿也不例外。[④]其实朝鲜也只是世界潮流的一部分。当时，亚洲、非洲、拉丁美洲的发展中国家走的几乎都是这条道路。欧洲的老牌资本主义国家亦是如此。早在俄国十月革命后一年，英国工党党章第四条便明确了追求国有化、公有化的目标。第二次世界大战结束不久，执政的工党便开始推行经济国有化。1946 年，英格兰银行与所有民航公司被国有化，开办全国医疗服务；1947年，所有电信公司被国有化，并创立国家煤矿局；1948 年，铁路、运河、道路搬运和电力公司被国有化；1951 年，钢铁工业和汽油提炼工业被国有化。[⑤]一直到 20 世纪 80 年代中期，欧洲各国投资中公有部门的占比依然很高：奥地利达 65%，法国达 55%，英国达 25%，联邦德国达 20%。[⑥]到 20 世纪 80 年代末，私有化的声浪开始日渐高涨。1988 年，世界银行曾出版过三卷本的《国有企业私有化技巧》，据其第三卷梳

① 孙中山：《三民主义·民生主义》（1924 年 8 月 10 日），《孙中山全集》第 9 卷，北京：中华书局，1986，第 391 页。

② 吴兆洪：《我所知道的资源委员会》，载全国政协文史资料研究委员会工商经济组编：《回忆国民党政府资源委员会》，北京：中国文史出版社，1988，第 106 页。

③ 莫如俭：《中国留美学生政治意见测验统计》，《观察》1948 年第 4 卷第 20 期。

④ Park T G. "Different Roads, Common Destination: Economic Discourses in South Korea during the 1950s". *Modern Asian Studies*, Vol.39, No.3（Jul., 2005），pp.661-682.

⑤ Sloman M. *Socialising Public Ownership*, London: Palgrave Macmillan, 1978.

⑥ Hanke S H. "Europe's Nationalized Industries". The Free Market, April 1985, https://mises-media.s3.amazonaws.com/fm485_0.pdf. 2019-05-30.

理,至少有 83 个国家已开始尝试私有化。[①]需要指出的是,那时绝大多数苏联东欧国家还没有开始私有化。世界银行的这个报告从反面告诉我们,国有化在世界各国(包括那些非社会主义阵营的国家)曾经达到什么样的广度与深度。

第三,苏联模式的影响。这一点很容易理解,新中国要建设社会主义,却没有经验。当时唯一可以借鉴的社会主义模式是苏联模式。既然苏联社会主义是建立在国有制的基础上,中国当时必定会受到影响。不过需要指出的是,中国后来采取的公有制形式与苏联不完全相同。在中国,集体所有制的比重更大;另外,中国大量的国有企业是地方国企,并不是由中央政府直接掌控的。

第四,解放区公营经济的传统。中国与苏联另一个不同点是:苏联是革命后才开始建设新的经济、政治体制,而中国共产党在执掌全国政权以前,早已拥有大片根据地。在这些根据地,共产党早已建立了一些公营经济实体,并积累了运作这类公营实体的经验。

1949 年以后,国有企业开始出现,其来源至少有五个方面:①解放区创建的各类公营企业;②没收国民党各级政府经营的工业企业;③征收、接收的外国企业;④经过社会主义改造的私营企业;⑤建国后新建的国有企业。

关于第一部分,定性的史料很多,但定量的统计似乎并不多见,很难估算这一部分的资本总量。[②]

第二部分是没收国民党各级政府经营的工业企业,在新中国初始阶段,它构成国有企业的最大来源;后来其重要性相对下降。据史料记载,1949 年时,新中国在金融方面,接收了国民党政府的"四行两局一库"和省市地方银行系统的银行 2400 多家,以及官商合办银行中的官股;在商业方面,接收了复兴、富华、中国茶业、中国石油、中国盐业、中国蚕丝、中国植物油、孚中、中国进出口等十几家垄断性的贸易公司;交通运输方面,接收了国民党政府交通部、招商局等所属全部交通运输企业;在工矿方面,接收了工矿企业 2858 个,职工 129 万人,生产工人 75 万。1951 年,又将原国民政府及其国家经济机关,前敌国政府及其侨民和国民党战犯、汉奸、官僚资本家在私营企业或公营企业中的股份及财产,均收归人民政府所有。[③]

从今天的视角看,国民党政府留下的国有企业规模并不大,但放回当年,没收官僚资本意义重大。全国解放前夕,官僚资本约占全国产业资本的 2/3,其中占全国工矿、交通运输业固定资产的 80%;另外还有十几个垄断性的贸易公司。没收官僚资本,国营经济便集中了国民经济中绝大部分近代化的大工业,控制了社会生产力最先进、最强大的部分,树立了在国民经济中的主导地位。仅此一举,中华人民共和国刚

---

① Rebecca Candoy-Sekse and Anne Ruiz Palmer, *Techniques of Privatization of State-Owned Enterprises, Vol.III, Inventory of Country Experience and Reference Materials*, World Bank Technical Paper, No.WTP 90(Washington, D.C.:The World Bank.1988), http://documents.worldbank.org/curated/en/188731468739214119/Techniques-of-privatization-of-state-owned-enterprises-inventory-of-country-experience-and-reference-materials. 2019-05-30.

② 汪海波:《新中国工业经济史:1949.10—1957》,北京:经济管理出版社,1994,第 72—84 页。

③ 吴太昌、武力,等:《中国国家资本的历史分析》,北京:中国社会科学出版社,2012,第 261 页;李定主编:《中国资本主义工商业的社会主义改造》,北京:当代中国出版社,1997,第 40 页;许涤新、吴承明主编:《中国资本主义发展史》第三卷,北京:人民出版社,2003,第 717 页。

成立,国营工业的固定资产已占全国工业固定资产的80.7%[1];国营工业产值占全国工业总产值的26.2%,占全国大工业产值的41.3%[2];在工业的重要领域,国营经济已经占据绝对优势地位;交通运输行业更是几乎100%掌握在国有企业手里;银行业也不例外(表7)。

表7　1949年国营经济在主要工业产品产量中的占比　　　　　　　　　　　单位：%

工业		交通运输	
电力	67.0	铁路	100.0
原煤	68.0	公路	100.0
石油	100.0	航运	100.0
生铁	92.0	轮船(吨位)	45.0
钢铁	97.05	银行	
有色金属	100.0	资本总额	59.0
水泥	68.05		
纺锭(设备)	40.0		
织布机(设备)	60.0		
棉纱	53.0		
糖	90.0		

资料来源：许涤新、吴承明主编：《中国资本主义发展史》第三卷,北京：人民出版社,2003,第730页;汪海波：《新中国工业经济史：1949.10—1957》,北京：经济管理出版社,1994,第106页

　　第三部分是征收、接收的外国企业。中华人民共和国刚成立时,全国有1192家外资企业,资产12.1亿元,职工12.6万人,大部分属英、美资本。对于这些企业,新政权并没有采取没收的办法。朝鲜战争爆发后,1950年12月16日,美国政府宣布管制中国在美国辖区内的公私财产,英国追随其后。对此,中国政府不得不采取相应对策,于当月28日发布命令：对中国境内之美国政府和美国企业加以管制,进行清查;并对一切美国公私存款即行冻结。即便没有没收,一旦失去了特权,大部分英资、美资企业便处于瘫痪状态。到1953年,外资企业数量降至563家,资产4.5亿元,职工只剩下2.3万人。外企还有一类,即苏联于1950—1952年向中方移交的、位于大连的财产及长春铁路。欧美与苏联两部分企业加在一起数量不多,不是中国国有企业的重要来源,对壮大国营经济的作用有限。[3]

　　第四部分是经过社会主义改造的私营企业。现在很多人有个误解,想当然地以为,中国的国有企业大部分是从资本家那里没收来的。其实,完全不是这么回事。1956年,社会主义改造完成后,全国公私合营企业(国有化的私营企业)的私股股额一共是24.2亿元(包括此前公私合营的私股股额,约10亿美元),其中工业私股股额为16.9亿元,共8.88万户,职工131万人,总产值72.7亿元。这24.2亿元中,上海一

① 中共中央党史研究室：《中国共产党历史》第二卷,北京：中共党史出版社,2011,第33页。
② 汪海波：《新中国工业经济史：1949.10—1957》,北京：经济管理出版社,1994,第106页。
③ 汪海波：《新中国工业经济史：1949.10—1957》,北京：经济管理出版社,1994,第109—110页。

地的私股便为 11.2 亿元，几乎占全国的一半。当时的资本家绝大多数没多少身价，因为这 24.2 亿元投资由 114 万人拥有；这 114 万人中，最后被定为资本家，拿定息的大约 86 万人。拿 24.2 亿元除以 86 万人，平均每个资本家的投资不到 3000 元。当然，86 万资本家中，绝大多数人的投资远远达不到 3000 元，最多能算得上是些小业主。社会主义改造并不是没收资本家的财产，而是允诺给这些投资人每年 5% 的固定收益，叫作"定息"。因为大部分投资人的本金很小，定息当然也不多。不少人每个月拿到的定息买包香烟都不够。因此，当时他们就说："我不要资本家帽子，请不要给我定息了。"不过，政府没有这么做。一直到 1979 年，政府才决定为其中 70 多万人"摘帽"，说他们的资本很小，算不上资本家。如此说来，私营工商业的改造也不是社会主义国有企业的重要来源，而是其很小的组成部分。

第五部分是中华人民共和国成立后新建的国有企业。在整个公私合营过程中，仅就工业而言，私股股额总共只有 24.2 亿元。而在"第一个五年计划"期间（1953—1957 年），国家预算内投资即达到 531.2 亿元，加上预算外的投资，国家基本建设投资达到 588.5 亿元，是公私合营中私人股份的 24.5 倍。[①]

综上所述，中国国有企业资产的五个来源中，最大份额来自国家投资，这些投资被用于兴建新的国有企业、增资现有国有企业，以及注资公私合营企业；其次是没收国民党各级政府经营的企业；其他三个来源都是比较次要的部分。

国营和公私合营工业企业不仅在生产规模和技术水平上优于私营工业，而且在资金供给、原材料供应、产品销售等方面也优于私营工业。表 8 给出了各类工业企业的工人劳动生产率。表中显示，1949—1954 年，国有企业在生产效益上也优于私营企业。1950 年以后，私营企业一直垫底，公私合营企业与国有企业的效率则一直遥遥领先于私营企业（表 8）。这也是当时大家为什么支持国有化的重要理由：国有化更有效率，为什么不搞国有化？

表 8　1949—1954 年全国工业企业工人劳动生产率　　　　　　　　　　单位：元/人

项目	1949 年	1950 年	1951 年	1952 年	1953 年	1954 年
公私合营	3 515	4 257	6 553	9 297	10 880	13 401
国营	4 933	6 218	7 118	7 919	8 894	10 218
合作社营	6 436	7 003	7 671	8 415	8 557	9 165
私营		4 357	5 928	6 801	7 848	7 222
总计	4 839	6 037	7 087	8 049	9 016	10 372

资料来源：吴太昌、武力，等：《中国国家资本的历史分析》（北京：中国社会科学出版社，2012）第三编第七章第二节"资本主义工商业的社会主义改造"

经过对资本主义工商业的社会主义改造，经过了大规模投资国有企业，到 1957 年，中国的经济的所有制结构发生巨大的变化：1952 年，国营经济只占国民经济 19.1%；到 1957 年，它已占 1/3。同一时期，资本主义经济的份额从 6.9% 降到 0；个体经济从 71.8% 降到 2.8%。在此期间，发展最快的是合作社经济，即我们后来叫作集体经济的这部分，它的比重从 1.5% 跃升至 56.4%（表 9）。这表明，在所有制结构上，

---

① 吴太昌、武力，等：《中国国家资本的历史分析》，北京：中国社会科学出版社，2012，总论第四节"新中国国家资本的发展与运行的经验教训"。

中国的社会主义和苏联的社会主义很不一样：我们有大量社会主义性质的，或公有性质的集体所有制企业，而苏联则是以国有制为主体。

表9　1952—1957 年所有制结构的变化　　　　　　　　　　　　单位：%

年份	国营经济	合作社经济	公私合营经济	资本主义经济	个体经济
1952	19.1	1.5	0.7	6.9	71.8
1953	23.9	2.5	0.9	7.9	64.8
1954	26.8	4.8	2.1	5.3	51.6
1955	28.0	14.1	2.8	5.3	51.6
1956	32.2	53.4	7.3	0.0	4.1
1957	33.2	56.4	7.6	0.0	2.8

资料来源：中国科学院经济研究所、中央工商行政管理局：《中华人民共和国私营工商业社会主义改造统计提要（1949—1957）》，1958 年 10 月

综上可知，我们从经济、工业、资本、国有企业四个方面讨论了新中国经济发展的起点。无论从哪一方面看，这个起点都是非常之低的。从这样低的起点起步，往前走每一步应该都不容易。的的确确，中国从农业国变成工业国是一个非常艰难的过程，缺乏工业基础、缺乏人才、缺乏资本、缺乏经验。今天世界上还有很多经济较落后的国家，不知如何实现经济上的飞跃。其实，新中国刚起步时，比它们还要难。路选对了，就能进入新天地！

（未完待续）

技术创新与制度变革：近代中国民族水泥工业发展路径研究（1895—1937）

卢征良

摘　要：近代中国民族水泥工业在诞生之初就面临着生存的巨大压力：帝国主义列强通过他们已获得的在市场、技术及管理等方面的垄断优势，企图扼杀尚在摇篮中成长的民族企业，从而达到垄断中国市场，攫取更多利润的目的。为了避免被淘汰的命运，中国民族水泥业采取了各种创新措施加强自己的竞争能力，形成了自己独特的发展路径：一方面大量引进先进的生产技术以提高产品质量；另一方面注重制度创新，如引进西方先进的会计制度及在同行业间组织同业联营等。技术创新和制度变革提升了企业自身的竞争能力，民族水泥工业也因此而获得了飞速的发展。

关键词：技术创新；组织变革；水泥工业；发展路径

一、前　　言

20 世纪 20—30 年代中国民族企业经历了其发展过程中的最困难时期。1929 年世界经济危机发生后，欧美日（本）列强为转嫁本国经济危机影响，不惜发动低价商品倾销，加紧对中国市场的经济侵略。在外国企业的重压下，中国民族企业的发展处于非常艰难的困境，他们在凄风苦雨中苦苦地挣扎，很多企业因为剧烈的竞争而倒闭、歇业以致停产。然而在满目疮痍的环境中，却有一抹绿色让人振奋，这就是高歌猛进的中国民族水泥工业。经济危机虽对中国民族水泥业产生了负面影响，但并没有影响其整体的发展趋势。"阳光总在风雨后"，经受经济危机考验的中国民族水泥业不但巩固了国内的生产销售市场，而且还不断向海外拓展，在东南亚地区占有一些市场份额。不仅如此，这一时期国内水泥工业布局更加合理：创设的水泥工厂由东部地区扩大到内陆和西部地区，特别是西北洋灰厂（山西太原）和四川水泥公司（重庆）的创设，弥补了中国西部及西北地区无水泥厂家的历史。这些改变为当时衰疲消沉的工业界"平

卢征良（1970—），湖北黄冈人，西南民族大学副教授，历史学博士（后），硕士生导师，主要从事中国近现代经济史研究

添不少春色"。

从表 1 可以看到，1911—1936 年期间，国内水泥的生产能力有大幅度的增长。1911 年仅为 588 235 桶，1924 年增长为 3 157 000 桶，1932 年为 3 650 000 桶，1936 年更是达到了 7 350 000 桶。1936 年与 1911 年相比，增长了 11.5%。那么，为什么民族水泥工业能保持如此良好的发展态势呢？综观这一时期水泥工业的发展历程，除了得益于国内水泥市场的不断扩大，另外一个很重要的原因是当时中国水泥企业大都能够不懈地进行技术、组织和制度的创新，从而使自己在市场竞争中立于不败之地。在近代中国，企业生存的市场环境、社会环境，包括法律规范、市场交易习惯，固然是企业发展必不可少的环境因素，然而在相同的环境中，企业却有成败优劣之分，这就要归因于不同的企业素质和创新精神。著名企业史学者熊彼特认为：具有资本主义"灵魂"的"企业家"的职能就是实现"创新"，引进"新组织"；"创新"是资本主义经济增长和发展的动力，没有"创新"就没有资本主义的发展，资本主义的经济发展就是这种不断创新的结果。那么近代中国民族水泥工业①企业为寻求自身的发展，进行了哪些方面的创新呢？本文以档案

---

① 目前学界关于近代中国民族水泥工业的研究成果主要在以下几个方面：（1）通过考察企业个案来研究企业的经营管理及制度建设等。如胡中应：《启新洋灰公司的寻租活动分析》，《北京航空航天大学学报（社会科学版）》2007 年第 3 期；欧阳跃峰：《启新洋灰公司成功的奥秘——周学熙实业集团经营之道管窥》，《安徽教育学院学报（社会科学版）》1995 年第 3 期；冯云琴：《启新洋灰公司经营管理体制论略——以周学熙经办期间为例》，《石家庄经济学院学报》2004 年第 5 期；凌宇、方强：《启新洋灰公司发展策略浅论》，《唐山师范学院学报》2006 年第 3 期；董长胜：《抗战前启新洋灰公司经营状况探析》，《怀化学院学报》2010 年第 3 期；方强：《启新洋灰公司生产经营述论（1906—1937）》，河北大学硕士学位论文，2007 年；祝圣：《四川水泥股份有限公司研究（1936—1945）》，重庆师范大学硕士学位论文，2018 年；郑云霞：《近代广东官办水泥企业研究（1905—1949）》，暨南大学硕士学位论文，2013 年；李楠夫：《略论周学熙创办近代企业的特点》，《现代财经》2001 年第 6 期等。（2）从官商关系的角度进行研究。如冯云琴：《官商之间——从周学熙与袁世凯北洋政权的关系看启新内部的官商关系》，《河北师范大学学报（哲学社会科学版）》2003 年第 4 期；孙玉杰：《近代民族企业中的官商关系探析——以启新洋灰公司为例》，《云南财经学院学报（社会科学版）》2006 年第 6 期。（3）对近代水泥行业中存在的兼并现象进行研究。如郭士浩：《从启新洋灰公司兼并湖北水泥厂看旧中国水泥工业中的资本集中问题》，《南开大学学报（经济科学）》1963 年第 1 期；张实：《湖北水泥厂是怎样被启新洋灰公司兼并的》，《黄石理工学院学报（人文社会科学版）》2011 年第 5 期。（4）对近代水泥工业的资金问题进行研究。如朱荫贵：《从上海水泥厂看 1937 年前中国民间资本企业集团内部的资金问题——以刘鸿生企业集团所属上海华商水泥厂为典型的分析》，载〔日〕田岛俊雄、朱荫贵、〔日〕加岛润编著：《中国水泥业的发展——产业组织与结构变化》，北京：中国社会科学出版社，2011 年；张朔人：《1930 年代启新公司水泥资本南扩原因初探》，《南京林业大学学报（人文社会科学版）》2007 年第 1 期。（5）水泥业间同业联营问题。如郭士浩、孙兆录：《从启新洋灰公司看旧中国水泥业中的垄断活动》，《经济研究》1960 年第 9 期；李允俊：《刘鸿生企业的联营活动及其性质和作用》，《上海经济研究》1988 年第 4 期；马伯煌：《论旧中国刘鸿生企业发展中的几个问题》，《历史研究》1980 年第 3 期；陶莉：《需求不足与近代中国水泥业的竞争与联营：1923—1935》，《中国经济史研究》2008 年第 4 期，认为市场需求不足是近代中国水泥业形成同业联营的根本原因；卢征良：《从"市场垄断"到"经济自卫"：近代中国水泥业同业联营浅探》，《中国社会经济史研究》2011 年第 2 期；卢征良：《近代中国水泥业同业联营的形成原因及其特征研究》，载〔日〕田岛俊雄、朱荫贵主编：《水泥业与中国经济国际学术论文集》，北京：中国社会科学出版社，2011 年。（6）近代水泥市场中存在的倾销与反倾销问题。如卢征良：《近代中国水泥业反倾销研究——以上海华商水泥公司为中心的考察》，《国际贸易问题》2008 年第 1 期；卢征良：《近代中国水泥业市场之倾销与反倾销研究》（日文版），载〔日〕田岛俊雄、朱荫贵主编：《中国水泥产业的发展》，东京：御茶水书房出版社，2010 年；卢征良：《近代日本水泥业在华倾销及其原因探析》，《国际贸易问题》2011 年第 5 期等文探讨了日本水泥在华倾销及中国水泥行业所发起的反倾销问题。（7）统制经济问题研究。如卢征良：《20 世纪 30 年代广东省营企业统制经营研究——以广东士敏厂为中心的分析》，《海峡两岸政治经济比较研究》2011 年 3 月；卢征良、柯伟明：《20 世纪 30 年代广东省营企业统制经营问题研究——以广东士敏土厂为中心》，《民国档案》2017 年第 1 期等文以广东士敏土厂为中心，探讨了广东省营企业的经营特征；吴银隆：《抗战时期大后方工业统制经济问题研究——以四川水泥公司为中心的分析》，西南民族大学硕士学位论文，2018 年等则对抗日战争时期水泥工业统制问题进行了研究。（8）关于近代中国水泥同业联合会的研究。如卢征良：《从中华水泥厂联合会看近代中国同业组织的演进》，《兰州学刊》2009 年第 10 期；卢征良：《权利意识的回归——中华水泥厂联合会在近代反倾销实践中的主体作用探析》，《兰州学刊》2008 年第 10 期。从上述研究现状的疏理可以看出，目前学界关于近代中国水泥工业的研究有诸多方面的成绩，但也存在一些研究方面的薄弱环节，特别是从创新角度研究近代水泥工业发展路径的成果尚付阙如，这就为本文进一步深入研究近代水泥工业发展留下了较广阔的空间。

资料为基础，以熊彼特创新经济理论[①]为指导，探讨近代中国民族水泥工业的发展路径。

表 1　抗日战争全面爆发前中国民族水泥业生产能力统计表　　　　　单位：桶

年份	国内各厂年生产能力总计	生产指数
1911	588 235	100
1924	3 157 000	537
1932	3 650 000	620
1936	7 350 000	1249

　　资料来源：1911 年数据系根据上海社会科学院经济研究所编：《刘鸿生企业史料》（上），上海：上海人民出版社，1981，第 155 页内容估算而得；1924 年数据系根据 1924 年 10 月出版的《中外经济周刊》第 82 号《中国水泥工厂一览表》，国民党政府资源委员会水泥资源调查丛书《各国水泥工业志》及南开大学经济研究丛书《中国经济研究（下）》所载资料整理；1932 年及 1936 年数据系根据许涤新：《中国资本主义发展史》（第三卷），北京：人民出版社，2003，第 121 页数据资料整理

　　注：水泥生产能力以桶计算，每桶合计 170 千克

二、技术革新：民族水泥企业发展的根本

图 1　周学熙（1866—1947）

　　民族水泥企业在诞生之初就面临着生存的巨大压力：帝国主义列强通过他们已获得的在市场和技术方面的垄断优势，企图扼杀尚在摇篮中成长的民族企业，从而达到垄断中国市场，攫取更多利润的目的。在如此恶劣的环境下，民族水泥业怎样才能获得自己的生存空间呢？为了避免被淘汰的命运，在生产技术落后和技术人才极度缺乏的情况下，民族水泥业极为重视技术创新，他们通过引进先进设备、开发新材料和新工艺等方法，不断提高产品质量，达到与外国同业一争高下的目的。

　　1. 新技术的引进

　　近代中国水泥企业在其创始阶段对技术落后的教训有着深刻的认识。近代中国水泥工业最早发轫于唐山细绵土厂，该厂为开平矿务局买办唐廷枢所办，但该厂创办后不久即因为生产技术落后、生产成本过高而倒闭。后来周学熙（图 1）在 1907 年 8 月 16 日恢复该厂生产（取名"启新洋灰有限公司"，图 2），并吸取了原厂因生产技术落后、产品质量低下而失败的经验教训，锐意革新技术。

① 美籍奥地利经济学家熊彼特（1883—1950）首先提出创新理论并用以解释经济发展，他认为经济生活的本质是发展，是对一种平衡状态的打破，他把这种平衡状态称为经济的"循环流转"，这一过程并不产生利润。发展的动力来自经济自身的因素，一种新技术的出现及其商业化应用，他把技术作为经济的内生要素，强调两种因素促进经济发展：技术的创新和生产方法的变革。熊彼特在《经济发展理论》一书中提出并论述了创新思想，他对创新是这样定义的：（1）采用一种新的产品，也就是消费者还不熟悉的产品，或一种产品的新的特性；（2）采用一种新的生产方式，也就是在有关的制造部门中尚未通过经验检定的方法，这种新的方法决不需要建立在科学的、新的发现的基础之上，并且可以存在于商业上处理一种产品的新的方法之中；（3）开辟一个新的市场，也就是有关国家的某一制造部门以前不曾进入的市场，不管这个市场以前是否存在过；（4）掠取或控制原材料或半制成品的一种新的供应来源，也不问这种来源是已经存在的，还是第一次创造出来的；（5）实现任何一种工业的新的组织，比如造成一种垄断地位（如通过"托拉斯化"）或打破一种垄断地位。载金吾伦主编：《当代西方创新理论新词典》，长春：吉林人民出版社，2001，第 311—312 页。

他首先抛弃了落后的立窑生产方式，采用了当时世界上最先进的干法回转窑技术，并不惜重金向丹麦史密斯公司购买了两套¢2.1×30米干法中空回转窑生产线设备，以及生料磨、水泥磨和其他相应设备，同时聘请德国人昆德为总技师（总工程师）、德国人鲍楼布克和马赤担任烧窑工，以确保生产顺利进行。先进技术的引进使启新洋灰有限公司产品的质量有了很大的提高，从而确立了自己在当时的国产水泥中龙头老大的地位。

图2　启新洋灰有限公司大门

　　1911年和1920年启新洋灰有限公司又分别进行了两次技术引进。1911年公司进行了第一次扩建，扩招股本150万银元，公司高层即决定从股本中抽取一部分资金，向丹麦史密斯公司购置两套¢2.1×45米干法中空回转窑生产线设备，建成后日产水泥1200桶。由于当时干法烧制水泥，掺合原料后不甚均匀，可能影响成色，所以改用半湿法制造洋灰。1920年，由于当时国内对水泥的需求激增，市场呈现供不应求，所以启新洋灰有限公司又进行了第二次更大规模的扩建。这次增添股本228万银元，又向从丹麦史密斯公司购置¢2.7×60米和¢3×60米干法中空回转窑生产线设备各一套，原料圆长磨各四具、丹式洋灰磨二具、原料圆长磨各四具、丹式洋灰磨两具、煤磨两具、烤煤罐三具、烤料立窑四具及其他附属设备，并于1922年建成投产，日产水泥2600桶。[①]经过这两次扩建，启新洋灰有限公司的总生产能力由日产水泥700桶增加到4500桶，即年产水泥由3.6万吨增加到23万吨，经过这两次扩充，启新洋灰有限公司的生产技术得到很大的提升，其实力也得以壮大。

图3　刘鸿生（1888—1956）

　　华商水泥公司是由近代著名企业家刘鸿生（图3）创办，公司自经创办起即十分重视引进先进的生产技术。1921年公司派专人赴欧美采购机械设备，这些专家经过对比日本、美国和德国等所产的水泥生产线设备，最后选定了德国伯力鸠斯公司生产的湿法回转窑生产线全套设备，含两套¢2.3/2.8×54米湿法回转窑、¢2×11米的生料磨与水泥磨各1具等。湿法回转窑生产技术是当时世界上最先进的水泥生产设备，其熟料质量比干法回转窑优越。当时有行家就评价说："该厂水泥机器……系轮转式，每日包出一千二百桶，

---

①　南开大学经济研究所、南开大学经济系编：《启新洋灰公司史料》，天津：南开大学出版社，1963，第136页。

每桶净重三百七十五磅。其制造水泥方法，系用湿法，较之干法所出之水泥，品质为优。盖以湿法能使原料混合均匀故也。该厂所定机器，均系新式，能用力少而出货多。"①选择当时最为先进的湿法回转窑生产工艺和设备，这不能不归功于刘鸿生等人的眼光远大与见识卓越（图4）。

图4 上海华商水泥公司"象"牌商标

中国水泥公司也是这一时期比较成功的民族水泥企业。该厂由姚锡舟（图5）等人共同创办。在中国水泥厂第一次建厂筹备会议后，姚锡舟等人即着手订购机器和购置矿山与厂基地房地产等事宜。1921年7月，公司向德国订购了1套¢2.25×46米湿法回转窑生产线的全套设备。其订购湿法窑的时间比华商水泥公司晚两个月。中国水泥公司1922年4月开工建设厂房，同年7月设备运抵上海。1923年3月厂房建设竣工，同年4月，工厂正式开工投产，日产水泥500桶，其投产时间比华商水泥公司早了4个月。

图5 姚锡舟（1875—1944）

中国水泥股份公司龙潭工厂由于只有一台小窑生产，产量低，成本高；另外当时国内环境不安定，军阀混战，交通受阻，产销不畅，以致投产后连年亏损。为提高企业的竞争能力，1926年中国水泥公司用工厂全部固定资产作抵押，向上海财界银团贷款100万两，兼并了即将开工建设的无锡太湖水泥厂，并将尚未投入使用的两套德国制造的¢2.85×60米湿法回转窑生产线的设备全部运到龙潭厂安装，并于1927年竣工投产。这次兼并使中国水泥公司的生产量达到510吨。1934年中国水泥厂又从德国购回了一套¢3×44米湿法回转窑设备，并于1935年建成投产，从而使全厂水泥日产量提高到715吨，一举成为当时中国民族水泥工业的第二大厂（图6）。

① 上海社会科学院经济研究所编：《刘鸿生企业史料》（上），上海：上海人民出版社，1981，第168页。

图6　中国水泥公司湿法回转窑

2. 加强水泥生产新技术的改进

除了重视引进先进的生产机器外，中国近代水泥业还非常重视工业技术的改进。他们在生产过程中，采用新工艺等以更新原有技术，企业生产水平也因而得以提高。

水泥包装技术的应用是中国水泥业在包装方面的一项重要技术革新，对于降低水泥生产成本有很大的促进作用。1933年以前中国生产的水泥多采用麻袋和铁桶包装，每桶重170千克。由于缺少卷桶机，铁桶所用的铁皮多由国外进口，其桶盖多用木质材料做成，成本较高。不仅如此，封装水泥时铁桶的使用也十分不方便。工人们在包装水泥时，必须从磨机上直接将水泥灌进桶内，用棍子敲打结实后再封紧袋口，所以效率极低。由于桶装水泥较重，所以搬运起来很不方便，这成为制约水泥运输的重要因素。那么，如何改变桶装水泥的这种不便呢？1933年，启新洋灰有限公司从国外购进灌包机，在北京加工牛皮纸袋，采用纸袋包装，每袋装50千克，这成为中国水泥包装工艺的一次重大改革。[①]水泥包装改革提高了劳动效率，减轻了工人的劳动强度，节约了水泥生产成本。

原材料的改进与更新对企业生产成本的降低也有很大的作用。华商水泥公司建址在上海，邻近销售市场，但却远离原料产品市场。公司所用的生产水泥的重要原料——黏土远自浙江佘山运来，不但运输费用很贵，而且还存在运输风险。1930年上海华商水泥厂的技术工人经过反复试验，研制出用黄浦江淤泥代替黏土作为水泥原料，成为近代水泥业一项重大技术成就[②]，华商水泥公司也因此而避免长途去佘山采购黏土的运费。

华商水泥公司还发明了以煤炭代替铁矿砂来制造水泥的方法。公司自备发电厂锅炉每日所用原煤在燃烧后形成的煤渣达到9吨，这些煤渣如果扔掉实在非常可惜。那么，如何变这些废煤渣为宝呢？华商水泥公司化验师丁继光通过研究发现，在生料浆内掺加煤渣以代替铁矿砂，水泥的质量更好，韧性更强。在试验成功后，公司开始大量采用这种新技术，从而不但达到变废煤渣为宝的目的，而且提高了水泥质量，节约了水泥制作成本。[③]

①　《新中国建材工业的创业者》编辑委员会编辑：《新中国建材工业的创业者》，北京：中国建材工业出版社，1992，第369页。

②　上海社会科学院经济研究所中国企业史资料研究中心抄件：《上海水泥厂第一全宗历史考证》，见《上海水泥厂沿革（1920—1949年）》，第48页，转引自马俊亚：《规模经济与区域发展——近代江南地区企业经营现代化研究》，南京：南京大学出版社，1999，第156页。

③　上海水泥厂编：《上海水泥厂七十年》，上海：同济大学出版社，1990，第18页。

图7   启新洋灰有限公司"马"牌商标

特别值得一提的是，中国水泥企业产品都有很好的质量。如启新洋灰有限公司在 1908 年 1 月正式投产后，其产品"马"牌（图7）水泥质量非常好，可与进口水泥媲美，极得客户的好评，"长年以来，供给京张、张绥、京汉、京奉、津浦、陇海、汉粤川各路，以及葫芦岛开埠局等处用灰，无不极承交口称赞"[1]。该产品还多次在国内外获得大奖，1904 年荣获美国圣路易赛会头等奖章；1905 年荣获意大利赛会优等奖；1909 荣获荣湖北武汉第一次劝业会一等奖；1911 年荣获意大利都郎博览会优等奖章，同年获中国农商部奏奖南洋劝业会头等商勋奖；1915 年荣获马拿马赛会头等奖，同年获农商部国货展览会特等奖章[2]；1933 年"马"牌水泥荣获芝加哥博览会筹委嘉奖，在东南亚一带赢得了极好的声誉。"马"牌水泥被当时国内重大建筑如津浦铁路黄河大桥、原北京图书馆、南京中山陵纪念塔、上海中汇银行等采用作为主要建筑材料。[3]1935 年，中国的第一座现代化大桥——钱塘江大桥所用的防海水水泥即为启新洋灰有限公司提供的。[4]

华商水泥公司所生产的"象"牌（图8）水泥质量更好，这一点就连其竞争对手启新洋灰有限公司都不得不承认。刘鸿生就很自豪地说："我们的产品，比市场上任何一种水泥为佳。根据目前情况观察，我们有充分能力击败竞争者。"[5]该产品还获得了上海工部局发给的合格证，证明"象"牌水泥的拉力、压力等均超过了合格指标，适合各类建筑工程使用，成为工部局承认的质量免检产品。要知道，上海工部局以对质量挑剔和严格著称，能够得到其高度认可的产品自然质量不会有很大的问题。可以这样说，民族水泥过硬的质量是来源于前述企业在技术方面所进行的大胆引进和锐意创新，这也是中国水泥得以畅销国内外的重要原因。

图8   华商水泥公司"象"牌水泥商标

三、制度创新：引进成本会计制度加强内部管理

近代中国旧式企业一般都沿用老式流水记账法。这种老式流水记账法对产品成本不能随时做出精确的

---

①   南开大学经济研究所、南开大学经济系编：《启新洋灰公司史料》，天津：南开大学出版社，1983，第 165 页。

②   程莉：《近代实业家周学熙研究》，合肥：合肥工业大学出版社，2006，第 94 页。

③   程莉：《近代实业家周学熙研究》，合肥：合肥工业大学出版社，2006，第 94 页。

④   《新中国建材工业的创业者》编辑委员会编辑：《新中国建材工业的创业者》，北京：中国建材工业出版社，1992，第 369 页。

⑤   上海社会科学院经济研究所编：《刘鸿生企业史料》（上），上海：上海人民出版社，1981，第 175 页。

计算，尤其是对在制品的成本计算更是无法知晓。因此，企业经营管理者很难对企业的业务活动做出正确的判断，也就很难适应当时企业经营管理的需要。不仅如此，这种旧式簿记方法还有一个最大缺点，即它不是以收、付作记账符号。在记账的时候，除了经济业务中发生人欠、欠人的债权债务等要做成对应记录外，其他大多数业务只作单方面的记录，不能平衡结算，所以不容易发现错误和作弊行为，这也是中式簿记本身存在的缺点。①华商水泥公司在实际运行中也遇到类似的问题。企业创办之初，华商水泥公司内部管理都是完全交给外国人来负责，这些外国专家虽享受着优厚的待遇，却对工作并不十分认真，并以各种方式来敷衍应付刘鸿生的检查，以致刘鸿生对企业生产中的常规问题，如生产效率高低及出货品质优劣等都缺乏了解。有鉴于此，刘鸿生决定在华商水泥公司创设引进成本会计制度。

成本会计最初起源于英国，后来传入美国及其他国家。18—19世纪的英国是资本主义世界最发达的国家，随着产业革命的完成，英国国内开始用机器生产代替手工劳动，用工厂制代替手工工场。另外，随着这一时期英国企业规模的不断壮大，同业竞争日渐加剧，企业降低生产成本的要求也日渐强烈。英国企业里面的会计人员为了满足企业管理需要，对成本计算进行研究，起初只是对成本进行估计，以后又采用统计方法计算成本，但由于缺乏连续、全面系统的记录，成本计算准确率较低。为了提高成本计算的精确率，适应企业外部审计人员的要求，会计人员承担起成本计算的使命，将成本计算同普通会计结合起来，从而形成了成本会计。20世纪初，在美国等西方发达资本主义国家，企业为了加强内部管理，竞相开始推行泰勒管理制度。泰勒管理制度的核心内容为企业内部如何通过实现各项生产和工作的标准化，来提高生产和工作效率，尽可能减少一切可能避免的浪费，从而据此达到提高企业利润目的；为与此相适应，会计改革的重点也就放在产品成本的确定和控制上。

为此，刘鸿生不惜重金聘请了留美会计师，并设计了一整套成本会计制度在他经营的企业内普遍实行。有了成本会计制度，就可以对每道生产工序进行精打细算的核算成本，对各个企业的生产成绩、原物料耗用、工资、制造费、管理费和利润等逐项比较分析，将分析的结果报送各厂作为改进经营效益的参考依据。与此同时，公司还派会计人员到各厂和营业所里进行核算和监督，并设稽核员到各厂和营业所查账。刘鸿生的成本会计表包含两方面的内容：①按成本要素编制的成本表。刘鸿生利用成本会计制度，对组成水泥产品总成本的诸要素逐项做出精确的计算，从而形成按成本要素编制的成本表。这些要素包括制造直接成本的费用，如原料、物料、工值、燃料、水电等支出；厂事费用，如厂事务所的支出以及化验、厂房修理、职工宿舍修理、医务室、厂场道路等的支出；各项准备费用，如折旧准备、特别准备等；产品包装费用；堆栈费用，包括水脚、下力等支出；管理费用，如管理部门的薪水、医药、房租、捐税、家具折旧、书报邮电、法律费、董监事车马费等支出；营业费用，如营业部门的薪水、佣金、交际费、广告费、房租捐税等支出；财务费用，如利息、票贴、呆账等支出。②按工作实绩编制的成本表。刘鸿生还按企业各部门的工作实绩编制成本表，把全厂

① 赵友良：《中国近代会计审计史》，上海：上海财经大学出版社，1996，第241页，转引自郭庠林、张立英：《近代中国市场经济研究》，上海：上海财经大学出版社，1999，第185页。

分成生料部、熟料部、水泥部、煤粉部、水电部、原料组、包装组、栈务组 8 个部门，分别按原料、物料、工值、燃料、水电、监管等要素计算费用。根据上述两个成本表，华商水泥公司高层可以据此分析各项组成要素费用支出多寡的原因，从而依照客观情况予以改进。成本会计制度实行后确实对企业的发展起到很大的效用。

1. 方便企业高层了解自身经营状况

有了成本会计制度，刘鸿生对企业内部的了解就深刻、简明、方便得多了，他可对本企业的业务活动做出准确的判断。根据成本会计制度的要求，企业任何一个产品，自原料开始加工制造至包装、存栈与市场推销为止所发生的一切费用，都可以分解为制造成本、管理成本和推销成本三个部分，由此组成该产品的总成本。采用成本会计制度可以正确而迅速地计算各项费用开支，精确掌握各项成本，为改良内部管理提供科学依据，这对企业制定正确的业务方针是极其重要的。在实施成本会计制度以前，外国技师或顾问经常向刘鸿生隐瞒各种企业经营数据，而刘鸿生对此只能无可奈何。采用成本会计制度以后，如果外国专家不肯就企业内部问题给出一个明快的答案，刘鸿生就心中有数，明白企业肯定存在一定的问题，他可以通过分析成本会计制度找到问题存在的原因，"用数目字同外国技师或顾问来商量各种问题，的确比较单讲感情来得有效多了"，刘鸿生也自感"从此脱去了暗中摸索的烦苦"。[1]

2. 有助于降低企业经营成本

由于实施成本会计制度，华商水泥公司内部各项管理工作得以加强，公司所产水泥成本逐渐下降，降幅最大的 1934 年比 1933 年下降了 13.3%[2]，企业也因此提高了产品的市场竞争力。有感于此，刘鸿生深有体会地说："若是我们不再研究，不再改良，（成本的计算）仍旧照以前糊里糊涂地去做，那是非失败不可的。"[3]对于在市场竞争中的任何企业，"只有降低成本，才能提高竞争能力，增加企业利润。每一个企业负责人，必须重视成本核算，分析企业盈亏原因"，"哪里有浪费，需要想法子克服。成本会计是你的眼睛"[4]。实行成本会计后刘鸿生对企业内部情况了如指掌，也因此克服了企业内部大量无谓的浪费。所以，刘鸿生对此深有体会："一个公司要赚钱，无非在能增加卖价而增加成本。否则，至少要能减轻成本，而不低减卖价。增加卖价的权，是不在你手中的，但是减轻成本是完全你自己的事，别人不能干涉。有本事的商人，不怕竞争，因为他知道设法减轻成本。没有本事的才不知道这一点，于是乱杀价钱。结果自己固然蚀本，破产，别人家亦往往就被他拖下水去。所以我很希望实业界的同志们，都用成本会计，大家晓得大家的成本，就不得作无谓的竞争，弄得两败俱伤，于社会也毫无益处。"[5]可以说，刘鸿生对成本会计的重要性有充分的认识。因此，刘鸿生在华商水泥公司内部大力推行成本会计制度，加强企业内部科学管理，也因此很大程度地降低

---

① 徐宗涑：《中国之水泥工业》，《经济建设季刊》1943 年第 1 卷第 4 期，第 108 页。

② 上海水泥厂档案抄件，产销业务卷，上海社会科学院"企业史中心"收藏，转引自黄汉民、陆兴龙：《近代上海工业企业发展史论》，上海：上海财经大学出版社，2000，第 175 页。

③ 刘鸿生：《我为什么注重成本会计》，《银行周报》1933 年第 17 卷第 14 期。

④ 《企业管理现代化干部必读》编委会：《现代企业管理思想》，北京：中国展望出版社，1988，第 10 页。

⑤ 刘鸿生：《我为什么注重成本会计》，《银行周报》1933 年第 17 卷第 14 期。

了水泥的生产成本。民国时期的经济学家徐宗涑对华商水泥公司引进成本会计制度有很高的评价："（华商水泥公司）因实用成本会计，管理上早已著（卓）有成效。到了二十四年（1935 年）上海竞售风起，预知牺牲若干以与抗竞争，就是因为确知自己成本同成本内各因素之因果。"[①]

四、组织改革：组织企业同业联营

卡特尔是产生于近代西方国家的一种同业联营的垄断组织形式，具有一定的历史必然性。1883 年德国开始出现第一家卡特尔企业，此后此种企业间的联合组织形式即得到飞速的发展。据 1925 年德国全国工业联合会统计，此种类型的组织不下 1500 家，德国政府的调查数据则显示垄断组织总数已达到 3000 家（其中工业 2500 家，商业 500 家）。[②]这表明，卡特尔垄断组织开始成为主导资本主义国家社会经济发展的重要力量。而在当时的中国，由于民族企业发展程度很低，同业垄断组织几乎没有。那么是谁首先提倡并把这种同业联营的行业组织形式介绍到国内并付诸实践呢？他就是近代中国著名的企业家刘鸿生。

刘鸿生同业联营的思想理论来自于其在欧美的考察经历。他在 20 世纪 20 年代欧美考察期间，看到国外不少企业有集中垄断的趋向，感触很深，于是他决心在相关的行业也实行垄断经营，以达到垄断市场的目的。1928 年他在致中华火柴厂董事长陈源来的信中说："弟自前年游历欧美回来，鉴于美国联合事业之发达，与夫吾国火柴业之不振，以为欲图发展，必须同业联合起来，作大规模之制造，方能有成功之望。"[③]1932 年，刘鸿生写信给正在英国留学的儿子，表达了他想通过同业联营（合）来发展刘氏各企业的理想，他说："现在，我正集中精力于企业合并。例如，我的宿夙愿把所有的火柴制造厂及其有关企业归并在一个庞大的联合公司之中。我力图把这一特殊行业发展成为一个巨型的民族工业。……我对这一个别行业的观点，同样地也可以实行于我们所经营的其他行业。"[④]虽然他在这些信中所谈及的行业并非水泥业联营，但其中却反映了其吸取外国先进企业组织的过程，刘鸿生认为这种同业联营是促进企业发展壮大的最佳途径。因此，刘鸿生在实践中积极引导组织同业联营，使处于襁褓中的华商水泥公司度过了早期的经营难关，获得了飞速的发展。

20 世纪 20—30 年代是中国民族水泥企业发展的最艰难时期，国际国内的经济形势都很不利于中国民族企业的发展。首先，这一时期中国民族资本主义发展的黄金时代已经结束，各帝国主义国家的对华经济侵略卷土重来，他们千方百计地想挽回其在中国原有的市场，所以不择手段地来打击中国的民族工业。另外，20 世纪 30 年代爆发的世界性经济危机促成了这种竞争格局的出现。

正是因为以上两方面原因，这一时期国内水泥企业之间的市场竞争空前激烈。一方面以日本浅野、小野田等为主的西方列强水泥业，为了转嫁其本国的生产过剩危机，开始加大力度向以中国为主的半殖民地

① 徐宗涑：《中国之水泥工业》，《经济建设季刊》1943 年第 1 卷第 4 期，第 108 页。

② 杨端六：《工商组织与管理》，上海：商务印书馆，1946，第 146 页。

③ 1930 年 1 月 3 日刘鸿生致神户合昌号陈源来函，上海社会科学院经济研究所编：《刘鸿生企业史料》（上册），上海：上海人民出版社，1981，第 127 页。

④ 1932 年 9 月 20 日刘鸿生致留英诸子函，刘鸿记帐（账）房档案，卷号 14-042。

市场进行水泥倾销；另一方面，由于水泥市场供过于求，当时国内比较大的水泥厂家如启新洋灰有限公司、华商水泥公司及中国水泥公司等水泥行业间互相倾轧的局面也呈现出愈演愈烈的趋势。国内水泥业间的价格战呈现出白热化的趋势，价格战使当时水泥市场价格下跌非常明显，1925 年 3—4 月，每桶水泥价格仅值 3 两（白银）左右，"为十年来水泥之最低价目"[1]。1935 年，华商水泥公司、中国水泥公司两公司为争夺江浙一带的市场，双方重启"战端"。中国水泥公司首先跌价竞销，启新洋灰有限公司与华商水泥公司也不得不参与这种价格竞争，"以致售价之低，为历来所未有"[2]。可以说，国内水泥业间的无序竞争使各方都损失惨重，伤痕累累。那么，国内民族水泥业是如何来解决这种生存危机的呢？它们学习了当时在西方世界流行的卡特尔组织，将同行业组织起来，形成一个同业联营，同业联营能在水泥行业中出现，既是经济发展的推动，也是民族水泥业积极进行组织创新的结果。

1925 年 6 月，启新洋灰有限公司和华商水泥公司订立同业联营合同，联营期限为五年。合同规定：双方联合营业区域为江苏的苏州、松江、太仓、常州、镇江五旧府和浙江、福建、广东全省；双方在联合营业区域的总销数定为 70 万桶，销售比重为华商水泥公司占 55%，启新洋灰有限公司占 45%；两公司每月商品的售价，由两公司按照本年度过去各月份实在销数协议规定；对于水泥销售价格的增高或减低，双方通过协商进行；双方通过共同涨价或降价，联合起来抵制外国水泥的倾销。华商水泥公司生产的"象"牌水泥退出华北和华中市场，启新洋灰有限公司生产的"马"牌水泥也不再向江浙和华南地区推销。这样双方就通过划分市场，取得了各自联营区域内的市场优势。[3]

但是这一双赢局面并未维持很久。1928 年，国内水泥业形势发生了变化，新成立的中国水泥公司收购了无锡、太湖两水泥公司，其股本从 100 万元增加到了 200 万元，水泥日产量从 500 桶增加到了 2500 桶，这给当时的中国水泥市场带来了很大的压力，"此项增出之货，国内既属供过于求，海外亦无销路可通。为中国公司计，讵有坐视尌积之理，自非强在国内开一血路不可"[4]。由于水泥市场供过于求，水泥行业间互相倾轧的局面呈现出愈演愈烈的趋势。三方再次展开了新一轮的价格战，马（启新洋灰有限公司品牌）、象（华商水泥公司品牌）两品牌先后共跌价 4 次，最后每袋水泥跌至 2.15 两（白银），与跌价前相差约 1 两（白银）。价格竞争的结果是谁也没有绝对优势取胜，三方都是精疲力竭，于是联营之声又起。

三方通过反复协商，分歧终于渐趋一致。1931 年 7 月 1 日，三方订立《联合营业草约》[5]，近代水泥行业的第二次联营正式形成。其主要内容有：第一，划定联合营业区域，即联营三方以中国全境及国外市场作为联合营业区域。第二，协定销数，由技术委员或专家来决定各公司的生产能力，并以之作为协定销售数的比率。第三，协定售价，三公司共同根据市场的供求协定各地水泥售价。第四，联合营业管理，

① 上海社会科学院经济研究所编：《刘鸿生企业史料》（上册），上海：上海人民出版社，1981，第 190 页。
② 上海社会科学院经济研究所编：《刘鸿生企业史料》（中册），上海：上海人民出版社，1981，第 85 页。
③ 上海社会科学院经济研究所编：《刘鸿生企业史料》（上册），上海：上海人民出版社，1981，第 190—191 页。
④ 上海社会科学院经济研究所编：《刘鸿生企业史料》（上册），上海：上海人民出版社，1981，第 210 页。
⑤ 上海社会科学院经济研究所编：《刘鸿生企业史料》（上册），上海：上海人民出版社，1981，第 221 页。

即由三公司各派委员一人，共同组织联合营业管理委员会，该委员会负责产品的销量、售价及其他一切联合营业事项。另外，三方还商定了一致联合抵制外国水泥竞争的办法："如遇其他国内外同业相与竞销，则不论为和为战，三公司当共同一致进行。如有损失，应按额分担之。"①

三家同业联营规定为期一年，1932 年 7 月期满以后，三方经多次努力协商，以图继续组织联营，但是因为各方存在较大分歧，终未达成结果。②1936 年，三方有过提出继续商议联营事宜，最终还是未有结果。抗日战争全面爆发后，沿海一带为日本侵占，启新洋灰有限公司、中国水泥公司两公司的销售地盘也逐步被日本势力所控制，同业联营已经没有任何意义。1940 年，启新洋灰有限公司、中国水泥公司两公司联营期满，合同遂行终止。

从中国近代水泥业所达成的同业联营合同来看，它具有如下几个特点：①划定企业间的销售区域和销售比例；②协定销售价格；③联业管理，即企业间进行统一的管理；④各公司都处于一种独立的状态。从这几个方面看，同业联营通过对企业产量、产品价格和产品销售区域等方面进行限制，达到其规避竞争风险和谋取更多超额利润的目的。由于其在销售价格和销售区域方面形成了一种垄断，它形式上已经具有近代西方企业垄断组织卡特尔的基本特征。

近代中国很多行业在发展过程中都存在着同业残酷过度竞争的问题，那么为什么独有水泥业能比较顺利地形成同业联营呢？纵观几次同业联营过程，刘鸿生在其中发挥了至关重要的作用。刘鸿生是近代中国经营企业比较成功的企业家之一，他先后创办了 50 多家企业，在经营这些企业过程中，他善于审时度势，引进和利用国外先进企业的组织形式，达到迅速发展自己企业的目的。华商水泥公司在开办之初，企业的资金、销售量等都远不及当时处于水泥垄断地位的启新洋灰有限公司，如果一定要和当时水泥业这样的巨无霸拼斗，其结果肯定是两败俱伤，甚至完全被对方打倒。所以在这种情形下，作为华商水泥公司的总经理，刘鸿生极力赞同与启新洋灰有限公司结成同业联营，以达成双赢的目的。正是他的这种在经营理念上的高瞻远瞩，使公司度过了早期的经营难关。

五、结 束 语

自鸦片战争以后，中国的传统发展轨道已被打破，中国的政治、经济、外交主权随着一系列不平等条约的签订而不断丧失，中国被迫对外开放并日渐被纳入现代世界发展的大潮之中。外国资本主义在中国的影响日益加深，特别是 1895 年中日甲午战争中国战败签订《马关条约》以后，外资企业携着种种优惠特权，随着中国国门被打开而大量进入内陆。他们技术领先，资本雄厚，并且大多具有较强的企业经营管理能力。而反观民族企业，他们在创立之初，技术水平大大落后于外国资本主义，企业先天不足，后天条件

① 上海社会科学院经济研究所编：《刘鸿生企业史料》（上册），上海：上海人民出版社，1981，第 221 页。
② 上海社会科学院经济研究所编：《刘鸿生企业史料》（中册），上海：上海人民出版社，1981，第 85 页。

也很不理想。可以说，民族企业自诞生之日起，就面临着严峻的生存与发展问题：他们不仅面临着本国民族企业间的竞争，而且还遭受外资企业多方面的压迫，这种中外企业间的不正当竞争严重阻碍着民族企业的健康发展。那么，民族企业该选择什么样的路径来发展壮大自己呢？

在近代中国工业化发展的路径选择上，以卓越的工业家穆藕初为代表的企业家有一种农本主义思想，他们认为工业化不能脱离农业，应从改革农业入手；而以著名经济学家方显庭为首的一批学者则主张应根据中国国情优先发展乡村工业，以就地利用资源和农余劳动力，降低运输成本；以张謇为主的一些企业家则主张以大工业为中心，立足于本土发展实业建设。毫无疑问，这些工业发展道路在企业家的努力下取得了相当的成就，但最终以失败居多。造成这种失败的原因很多，"在近代中国，不清除帝国主义的侵略势力和封建主义的束缚，要实现工业化只能是个幻想。但不是说，就应当否定当时人们的任何工业化的努力"[1]。

近代中国企业生存的市场环境、社会环境，包括法律规范、市场交易习惯，固然是企业发展必不可少的环境因素，然而在相同的环境中，企业却有成败优劣之分，这就要归因于不同的企业素质。观察近代中国民族水泥业的发展过程，可以看到水泥业的发展成就是同其创新意识分不开的。这种创新体现在各个方面：技术、制度与组织。近代中国民族水泥工业发展较晚，水泥生产技术远较西方列强落后，而且在其成长过程中遭受着列强资本的压迫。在这种情况下，中国民族水泥工业作为市场主体，身处逆境却能在艰难中求得生存和发展，它们不是被动地应付市场，而是充分发扬企业家的创新精神，主动地利用市场来达到赢利的目的，正是这种企业家的创新精神使企业在追求利润方面具有强烈的冲动，因而成为企业发展的原始动力。从这个意义上来说，创新是近代民族水泥业发展的动力，是推动行业发展的助力器，其宝贵经验可资为借鉴。在当代社会，中国的民族企业也只有充分发挥企业家的主体作用，加强自身的创新意识，才能够获得较好的发展和壮大，同世界其他国家工业一争高下。

---

[1]　吴承明：《近代中国工业化的道路》，《文史哲》1991年第6期，第67页。

"临时中立"邮票归属之辨

苏 冰

摘 要："临时中立"邮票是以清代蟠龙邮票和欠资邮票为原票，在其上加盖"临时中立"字样的邮票。在"临时中立"邮票的归属问题上，因其发行时间是在中华民国成立以后，故长久以来各种出版物及学界一直把该邮票归入中华民国邮票之列。然而当时清帝尚未退位、清王朝尚未解体，大清邮传部名义上还是中国邮政的领导机构，其雇员邮政总办帛黎（法国人）把持着中国邮政实权。武昌起义之后，以帛黎为代表的邮政洋员为维护大清邮政的完整和统一，开始在革命党及其军政府控制地区推行邮政中立政策。"临时中立"邮票就是在这样的历史背景下由大清邮政被动发行的，其目的是应对革命党及其军政府将邮票上的文字由大清邮政变更为中华邮政的要求。可见，从"临时中立"邮票发行背景、目的、发行主体等综合看，该邮票应为大清邮政发行的仅限革命党及其军政府控制地区使用的邮票。

关键词：邮政中立；临时中立；邮票；归属；加盖

"临时中立"邮票是以清代蟠龙邮票和欠资邮票为原票，在其上加盖"临时中立"字样而产生的邮票。在"临时中立"邮票的归属问题上，因其发行时间是在中华民国成立以后，故长久以来一直把该邮票归入中华民国邮票。在国内有关邮票的出版物中是这样标注的，集邮界也一直这样看待，而学界则很少论及这一课题。"临时中立"邮票属于民国邮票这个观点仿佛就是一个公理，用不着证明。事实上要了解"临时中立"邮票的归属，就必须了解从 1911 年 10 月武昌起义、民国肇建与清廷对立到大清覆亡这段风云激荡的岁月里，以帛黎为代表的大清邮政中的洋员，凭借其外籍身份在革命党及其军政府控制地区推行邮政中立政策，以求维持大清邮政的统一、维持正常邮政通信的历史事实。只有这样，才能正确理解与认识帛黎等洋员为应付局面而被动发行"临时中立"邮票这一中国邮票史上的重大事件。在此基础上，才能对"临时中立"邮票的归属做出精准的判断与认定。

苏冰（1973—），河北辛集人，中国邮政邮票博物馆副研究馆员，长期从事中国邮票的相关研究及邮票鉴定工作，《奥林匹克邮票图鉴》副主编，已发表论文 40 余篇。

一、邮政中立——"临时中立"邮票发行背景

1911 年 5 月 28 日，大清邮传部正式从海关接管中国邮政，邮政总办代替海关总税务司把持邮政的一切事务，法国人帛黎担任邮政总办一职。[①]管理机关的改变使邮政总局及其总办承担起了为大清邮政谋发展的历史重任，帛黎似乎对发展大清邮政也是踌躇满志。[②]然而，1911 年 10 月 10 日武昌起义后，作为大清邮政实际掌门人的帛黎面临着巨大的历史考验，这个考验关系着大清邮政在革命党及其军政府控制地区的前途命运。

1. 在军政府控制区的大清邮政面临被接管的命运

1911 年 10 月 10 日武昌起义，革命烽火席卷神州大地，许多地区宣布独立并成立军政府。[③]革命党及其军政府控制地区的邮政接管问题似乎也提上了他们的议事日程。如武昌起义后成立的湖北军政府声称要接管邮政，明确宣称将大清汉口邮局改称为中华邮政汉口邮局，并派稽查员进驻汉口和武昌的大清邮局，要求检查有碍革命军行动的邮件[④]；1911 年 10 月下旬，长沙光复，革命后组建的湖南军政府也宣布要接管邮政，并更换邮政徽章旗帜[⑤]；福建光复后成立的军政府也要求接管邮政[⑥]。不管是宣称要将邮政改名还是直接派员到邮局，这些行为都表明革命党及其军政府控制地区的大清邮政要面临被革命党及其军政府接管的命运。

面对如此突变的时局，如何维系大清邮政的统一和邮政通信的正常运转，防止新成立的军政府或革命党控制地区的大清邮政不被革命党及其军政府接管或破坏成为当时大清邮政的管理部门和管理者首先要面对的头等大事。

邮传部作为大清邮政主管部门面对这样的变局束手无策，因为革命党及其军政府控制的地区宣布独立，这些独立地区已经脱离清政府的有效管治。然而武昌起义后形成的革命党及其军政府与清廷对峙的局面似乎也为以帛黎为首的执掌大清邮政的洋员提供了施展自身才华的绝好机会。一方面，以帛黎为首的那些执掌大清邮政的洋员是大清国的雇员，他们有义务效忠大清邮政；另一方面，这些人还具有西洋人的身份，受到相关国家的法律保护，所以这些把持大清邮政的洋员在中国有比中国公民和同等的中国官员更多的行动自由及活动空间，他们可以充分利用自己的这种身份为其自身的执业服务。因此，当大清邮政在革命党及其军政府控制的地区面临被接管的当头，这些洋员的表现就尤为值得关注。

---

① 邮传部：《奏为邮政定期由邮传部接管以归统一而符名实恭折 仰祈》，《大清邮政总办通谕》（下册），第 638—640 页。

② 参见《中华邮政前清宣统三年事务总论·第一节概论》，载中国邮政文史中心编：《中国邮政事务总论》（上），北京：燕山出版社，2007，第 137 页。

③ 参见李新主编：《中华民国史·第一卷》（下）第十一章《武昌起义和各省响应》，北京：中华书局，1981，第 614—766 页。

④ 1911 年 10 月 16 日《鄂军都督黎元洪致清邮务总办照会》，载黄丽辉：《辛亥革命期间独立各省革新邮政的部分史料》，《民国档案》1991 年第 3 期，第 6 页。

⑤ 1911 年 11 月 14 日《邮政总局致清邮传部邮政司移付》，载黄丽辉：《辛亥革命期间独立各省革新邮政的部分史料》，《民国档案》1991 年第 3 期，第 6 页。

⑥ 1911 年 11 月 14 日《邮政总局致清邮传部邮政司移付》，载黄丽辉：《辛亥革命期间独立各省革新邮政的部分史料》，《民国档案》1991 年第 3 期，第 6 页。

2. 大清邮政洋员对军政府的抵制与交涉

大清邮政中的洋员正是利用自己的上述特殊身份，挟洋自重，希望通过自身的努力，在革命党及其军政府控制区维系大清邮政的既有存在，从而维护大清邮政的统一，保障邮政通信的正常进行。

当革命党人在各地夺取政权、组建军政府并准备对大清邮政进行干预时，大清邮政各相关地区的洋员出于上述目的，对种种干预进行抵制甚至与革命党及其军政府直接交涉。如湖北军政府派稽查员进驻汉口、武昌邮局要求检查有碍革命军行动的邮件时，汉口英籍邮务总办海澜寻求江汉关税司英籍人苏古敦的支持，拒绝革命军检查邮件，并声言邮件的不可侵犯性，甚至以关闭邮政威胁革命党。同时，海澜还设法与湖北军政府都督黎元洪沟通，就邮政一事对其晓以大义。海澜的抵制与沟通很快就取得了效果，湖北军政府不仅放弃了邮件检查，而且允诺对邮局不加干涉。[①]因此，通过洋员的努力，在湖北军政府的地界，大清邮政得以继续存在。苏古敦为此感慨道："目前在本口岸只有海关还挂着龙旗代表政府，也只有我和海澜两个人算是政府的代表了！这应该是个教训，如果大清帝国的邮政司是个中国人的话，那就不堪设想了。"[②]这段话至少表明了以下几个意思：首先，在革命党及其军政府占领武昌、汉口后，清政府在这些地方的管治已经基本结束了，唯有海关、邮政两处还飘扬着大清国的龙旗；其次，苏古敦及海澜等海关和邮政洋员在革命后依然效忠他们的雇主——大清朝廷；最后，大清能在革命后的武昌、汉口维持当前的残存局面是他们外籍人努力的结果，否则，海关和邮政也被革命党及其军政府接收了。整段话语中苏古敦作为外籍人那自鸣得意的神态展现得淋漓尽致。1911 年 10 月下旬，长沙光复，大清邮政在湖南的命运也令清政府及邮政总办帛黎担忧。这时长沙海关英籍税务司伟克非向大清邮政湖南副邮务总办美籍人阿林顿传授应对办法，并劝他听候邮政总办帛黎的命令，拒绝与军政府合作。阿林顿如法炮制，也取得了类似海澜在武昌、汉口应对时的效果。[③]

由于革命党及其军政府的软弱，大清邮政洋员对革命党及其军政府的抵制与交涉收到了明显效果。革命党及其军政府改变了对所在区大清邮政的干预、接管的态度，事实上认可了大清邮政的既有存在。

3. 邮政中立政策的推出

大清邮政在革命党及其军政府控制地区的继续存在只是一种事实状态，不具有任何法律效果。而且事实状态易变、不稳定。因此，为了谋求大清邮政在革命党及其军政府控制地区的长久存在，帛黎便开始了在革命党及其军政府控制地区推行邮政中立的政策。

首先，帛黎推行邮政中立政策是受到了大清地方外籍邮务总办与革命党及其军政府交涉而产生了巨大效果的鼓舞。在帛黎看来，革命党占据区域内的"大清邮局保持完全中立的地位是可能的"[④]，因为汉口

---

① 中国近代经济史资料丛刊编辑委员会主编：《中国海关与辛亥革命》第十三编，北京：中华书局，1964，第 10 页。
② 中国近代经济史资料丛刊编辑委员会主编：《中国海关与辛亥革命》第十三编，北京：中华书局，1964，第 12 页。
③ 中国近代经济史资料丛刊编辑委员会主编：《中国海关与辛亥革命》第十三编，北京：中华书局，1964，第 94 页。
④ 《1911 年 11 月 6 日邮政总办帛黎致天津分界署邮务总办塔理德密函》，载仇润喜主编：《天津邮政史料》第二辑，北京：北京航空航天大学出版社，1989，第 83 页。

"那里的大清邮局与占据邮局的革命者达成了协议，来自任何地方的邮件都不会受到干扰"①。从这些历史材料看，帛黎的邮政中立构想在 1911 年 10 月底到 11 月初这段时间已经成型，并开始了具体实施。其次，帛黎从清朝地方外籍邮务总办与革命党及其军政府的交涉方式中得到了启发，即与革命党及其军政府打交道的有效方式——施压。虽然经过多地邮务总办的交涉，大清邮政在革命区的活动不受影响，但尚缺乏有效的保障，于是帛黎与列强驻华外交使团头领、英国公使朱尔典联系，让其出面向革命党施压，使"中国邮政作为中立，以免纷扰"②。由于当时的革命党及各军政府在政治、经济、外交、军事等方面对西方有巨大的需求，因此，被迫默示了其控制区大清邮政的既有状态，即继续如往昔一样运行。

　　对于清政府来说，独立的省区已经脱离清政府的管控，而邮政仍能像过去一样照常运转已属不易，但要说让自己管辖的邮政向自己宣告中立，实是一种难事。帛黎展开了他的攻势，"查中国邮政，系庶民学识进步之要具，且系万国贸易及亲友互通情谊之所必需，业为各国公认。倘任党人干涉，致各省不能通行，则是促客局藉口侵占，实碍中国权利。为今之计，惟有使中国邮局作为中立局，所俾各省照旧交通；所幸向与英、法、日、德、俄各国订有联邮章程，均由各该国钦使画押认可，如请各使维持，谅无不允。否则，即恐党人占领省份，邮政紊乱，将来难于复原。刻由外交团维持，着手尚易，此外实无良策。敝总办业经商由驻京领袖大臣朱，允为电饬长沙、福州两处领事，立向党人交涉，俾中国邮局作为中立，以免纷扰，并由总办电饬该两处邮局照办。他处难免再有此等情事，应请堂宪准由敝总办随时酌情按前法向外交团妥筹商办，庶邮政不致因乱中辍"③。在这里，帛黎强调了维护邮政完整统一、保障邮政通信对清政府的重要性。他十分了解清政府及其邮政主管官员对邮政统一、完整的渴望以及对客邮的害怕和对外部干涉担心的两种心态，并因此在这两个方面做足文章。一方面，如果革命党及其军政府接管其辖区内的大清邮政，将破坏大清邮政体系的完整，导致邮政通信中断，这不仅影响到清朝国内的邮政通信，也会影响到清朝与外国的邮政通信联系，以及外国人对邮政通信的需求。帛黎以这些为说辞，向大清邮政及其主管官员施压。另一方面，如果革命地区邮政通信与清政府控制区邮政通信中断，外国人对邮政通信需要就会受到影响，为满足外国人对邮政通信的需要，外国客邮就会乘势而起，这将导致客邮在清朝的泛滥，从而损害清政府的利益。帛黎以这些说辞，向大清邮政及其主管官员进行恐吓。帛黎的目的就是推行邮政中立。只有使邮政维持中立地位，才能在那种局势下保存已有的邮政通信体系不致遭到破坏，邮政通信才能照旧维持而不致中断。这样才能满足外国人对邮政通信的需要，才能指望各国使团约束它们各自在华的客邮，从而维护清政府的利益，即一言以蔽之，邮政中立是避免或解决当时一切邮政纷扰的最好办法。

　　帛黎正是以南方革命势力和客邮势力的可能扩张来要挟清政府及其邮政主管官员的。南方的革命势力

①《1911 年 11 月 6 日邮政总办帛黎致天津分界署邮务总办塔理德密函》，载仇润喜主编：《天津邮政史料》第二辑，北京：北京航空航天大学出版社，1989，第 83 页。
②《1911 年 11 月 15 日邮政总局呈邮传部文》，转引自中华人民共和国信息产业部《中国邮票史》编审委员会编：《中国邮票史》第 3 卷，北京：商务印书馆，2004，第 7 页。
③《1911 年 11 月 15 日邮政总局致邮传部呈》，载黄丽辉：《辛亥革命期间独立各省革新邮政的部分史料》，《民国档案》1991 年第 3 期，第 7 页。

已使清朝的统治土崩瓦解，且革命如风暴有席卷之势，而客邮又一直是大清邮政的一块心病。因此，面对当时的局势及帛黎的恐吓，清政府及邮政主管官员毫无应对之策，只得惟帛黎之言是听，任由帛黎推行邮政中立之策。

帛黎为保证他的邮政中立计划能在革命党与清政权对峙的环境下实施，两面下手。到 1911 年 11 月中旬，邮政中立政策在革命党及其军政府控制地区得以实行。

由此可见，邮政中立是由帛黎倡导并实践的，表面上看帛黎推动的邮政中立政策与西方列强在武昌起义后推行的中立政策如同一辙，好像是西方列强此时中立政策下的具体实践，但实情根本不是这样的，邮政中立与西方列强对待革命后的中立在性质上是完全不同的。帛黎及其他大清邮政中雇佣的洋员其身份是清政府的雇员，他们对清政府有效忠的义务。根据前文史实可知，这些洋员此时也一直效忠于清政府；只是因为这些洋员的外籍身份为他们推行邮政中立提供了便利，因此，邮政中立实际上是洋员披着洋外衣以大清邮政雇员的身份倡导并实践的。

尽管在革命党及其军政府控制区实行邮政中立政策有损清政府和大清邮政的尊严。但在清政权分崩离析的困境下，邮政中立的实践对清政府及其邮政显然具有独特的现实意义，它表明大清邮政似乎在革命党及其军政府控制区依然存在，由此清政府对革命党及其军政府控制区的影响力或治理权似乎也就依然存在。

二、"临时中立"邮票的发行

不管是以明示的、暗示的方式，邮政中立政策显然在政治上得到了清政府以及革命党及其军政府双方的认同，但邮政中立在实际推行中还面临着一些具体的邮政技术问题。近代邮政是以贴用邮票作为支付邮资凭证的，在邮政正常营运中还要使用戳记等邮政用品。无论是邮票还是邮政戳记都涉及表明主管邮政的政权性质的要素，如邮票上的铭记，邮戳中的地名、纪年等。因此，邮政中立政策的推行，理论上必须涉及与之相适应的邮票、邮政戳记等邮政用品、用具，涉及具体邮政技术要求与邮政中立政策相匹配的问题。应当说"临时中立"邮票就是这种邮政技术要求与邮政中立政策相匹配的产物。

在邮政通信中，邮票的使用是近代邮政的重要特征。而邮票铭记、邮票面值、邮票主图是构成邮票的基本要素，其中邮票铭记是指邮票发行主体即邮票的发行者。邮票铭记表明了邮票发行权的归属，也表明邮政主权的归属。所以，尽管帛黎静悄悄地推行他的邮政中立，但如何在保持中立状态下发行与之相适应的邮票将是邮政中立推行中将要面对的一个十分棘手的问题。

1. 邮票发行权与更改邮票铭记之争

武昌起义后，湖北军政府就关注本区域内的邮票发行一事，但认识到"惟印花一层一时措办不及"[①]，

---

① 《1911 年 10 月 16 日鄂军都督黎元洪致清邮务总办照会》，载黄丽辉：《辛亥革命期间独立各省革新邮政的部分史料》，《民国档案》1991 年第 3 期，第 6 页。

即印制邮票非一朝一夕之事，因此"暂用旧式"①，即同意在湖北军政府辖区沿用大清邮政发行的邮票，这似乎表明湖北军政府认为在湖北军政府管辖区域，湖北军政府拥有邮票发行权，但是邮票发行是有一个过程的，在来不及适时发行革命党主管的邮政邮票时，允许继续使用大清邮政的邮票。这似乎表明了湖北军政府确认了自身拥有对邮票发行的管理权，但问题是这种邮票发行管理权到底由哪个部门具体行使？从前文的分析可见在湖北军政府管辖地区的邮政依然是大清邮政，对其行使管理权的是大清邮政湖北的邮务总办。所以，事实上，湖北军政府根本没有在实际中履行其对邮政的管理权，那么就更谈不上行使对邮票发行的管理权、发行权。

再看看湖南、福建两省独立后组建的军政府对邮票发行权的管理情形，从 1911 年 11 月 14 日大清邮政总局发大清邮政司的一件公文可见其概貌，"据长沙、福州邮局伪政府嘱将邮票大清二字代以中华字样，售卖邮票须盖中华民国戳记，请总局饬凡通行，以已占各省为限由。……各等情。据此，相应移付贵司查照，即希转请堂宪酌核示遵可也"②。这里讲述的是长沙、福州大清邮政局因当地军政府要求邮局在售卖邮票时，要将"中华"二字取代邮票上的"大清"二字，并使用带有"中华民国"字样的邮戳。长沙、福州邮局对此要求不敢擅作主张，因此特向邮政总局请示，并向邮政总局建议接受军政府要求，但只限革命党及其军政府控制的独立各省所在地邮局遵办。从该公文中也可看出，邮政总局在地方邮局就革命党及其军政府控制地区对于邮票发行、售用及邮政戳记的使用等具体邮政事务上，一时也无法决策，因此按照各自职能将此转告邮政司，并希望它请示上级指示并告知，以便邮政总局能够有所遵循。

这些事实说明革命党及其军政府在其控制地区对邮政及其邮票发行的干预是同时进行的，同时还表明在革命党及其军政府在对辖区进行掌管之后的一段时间里，各地区使用的邮票还是大清邮政发行的邮票，邮票发行主体的邮票铭记的变动仍然操控在大清邮政手中，大清邮政在军政府控制区的邮票发行管理权仍然存在。但显然，革命党及其军政府对在其控制的地区发售"大清"铭记的邮票已经表示不满，并提出了变更邮票铭记、使用表明革命党政权性质的邮戳等具体要求。

然而，变更邮票铭记、使用新的表明革命政权性质的邮政戳记等仅仅是革命党及其军政府的要求而已，就如他们宣称要接管邮政、更改邮政标识一样，并没有采取什么实质性措施或实施具体行动。不仅如此，他们事实上还把自己对邮票更改的这些要求寄托在帛黎把持的大清邮政上。因此，他们这些要求能否得到满足大多取决于帛黎把持的大清邮政的态度。帛黎的态度很清楚，他并没有满足革命党及其军政府变更邮票铭记及使用新邮戳的要求，对此，邮政总局曾有这样的记载："彼时一面由各国领事维持邮政中立，一面由各该管邮务总办劝以更改邮票，与外洋及国内各省交通有碍，遂即作为罢议。"③这一记载清楚地讲述

---

① 《1911 年 10 月 16 日鄂军都督黎元洪致清邮务总办照会》，载黄丽辉：《辛亥革命期间独立各省革新邮政的部分史料》，《民国档案》1991 年第 3 期，第 6 页。

② 《1911 年 11 月 24 日邮政总局致清邮传部邮政司移付》，载黄丽辉：《辛亥革命期间独立各省革新邮政的部分史料》，《民国档案》1991 年第 3 期，第 6 页。

③ 《1912 年 1 月 23 日邮政总局致邮传部呈》，载黄丽辉：《辛亥革命期间独立各省革新邮政的部分史料》，《民国档案》1991 年第 3 期，第 9 页。

了帛黎应对革命党及其军政府要求将邮票铭记改为"中华邮政"时的应对方法：首先是由各国领事出面，维持邮政中立，以邮政中立作为挡箭牌；其次是指示相应各地方邮务总办以更改邮票铭记有碍中国与国外的邮政通信，有碍革命地区与国内其他地区的邮政通信为由，要求各军政府放弃更改邮票铭记、使用新邮戳等办法。大清邮政总局的两项措施一出手就轻松地将一些地方的革命党及其军政府说服了，使他们放弃了变更邮票铭记和邮政戳记的要求。但是既然在革命党控制地区实行邮政中立，因此从理论上看，在革命党及其军政府控制地区使用"大清邮政"铭记的邮票明显也与这些地区推行的邮政中立相抵牾。因此，邮票铭记之争在一些地区虽已平息，但这种争执似乎不可避免，而福建军政府对待邮票铭记一事的态度就是最好的例证。

在已知的史料中，对邮票发行干预最激烈的要属福建都督府。1911 年 11 月 11 日福建都督府成立①，他们对邮票的发行似乎有比其他省区军政府更深刻的理解，认为新政权应立即变更邮票，须臾不可耽搁②。闽军都督孙道仁甚至于 11 月 12 日直接照会福州署邮务总办挪威籍人卜礼士，要求将邮票上的"大清"二字代之以"中华"字样，具体办法是售卖邮票需盖中华民国戳记。③福州署邮务总办对军政府竭力劝喻，并声言更改现行邮票，就会有碍国际通信，甚至引起外国干涉，以求压服福建军政府。④福建军政府不畏压力，秉承初衷，并于 11 月 28 日以公函的形式再次重申变更邮票的主张。⑤帛黎把持的大清邮政见威胁不成，便改以拖待变的策略，在回复福建军政府的公文中提出"所云更换邮票一节，俟全国大局平定后方可商办。此时各省所用之邮票，似不可遽行更换"⑥。帛黎的意思很清楚即邮票铭记的改动应当在全国局势平稳之后，才可以商办，在局势未稳前，各省使用的邮票不应随意更动，言外之意是作为局势未稳的福建，对邮票也不应有任何更动。并提出了支持上述观点的三个现实理由：首先，若按福建军政府要求更改邮票铭记，"恐邮寄现政府所辖各省，于收件人必多牵连危险，缘该件系由反对现政府之省分寄到者也"⑦。意思是说遽行更改邮票铭记将给邮政用户带来危险，恐吓意图十分明显。其次，邮票若在某省"加印他项文字，易使局员舞弊"⑧，即这将腐化邮政职工队伍，与革命追求廉洁政府目标不符。最后，"更恐为收集外国邮票人所轻视，于中国名誉有伤"⑨，即邮票还用于收藏，如外国收藏人士收集这些变更铭记的邮票，将嗤之以鼻，因而有损中国邮政、邮票的国际声誉。帛黎这些人就是想通过不同的方式软硬兼施以达到福建军政府放弃变更邮票铭记的主张，以便在福建军政府控制区继续使用有大清邮政铭记的邮票。

1912 年 1 月，中华民国早已成立，距福建军政府提出改变邮票铭要求的时间也已经过去近两个月了，

---

① 参见李新主编：《中华民国史》第一卷（下），北京：中华书局，2007，第 739 页。
② 中华人民共和国信息产业部《中国邮票史》编委会编：《中国邮票史》第 3 卷，北京：商务印书馆，2004，第 7 页。
③ 《1912 年 1 月 23 日邮政总局致邮传部呈》，载黄丽辉：《辛亥革命期间独立各省革新邮政的部分史料》，《民国档案》1991 年第 3 期，第 9 页。
④ 《1912 年 1 月 23 日邮政总局致邮传部呈》，载黄丽辉：《辛亥革命期间独立各省革新邮政的部分史料》，《民国档案》1991 年第 3 期，第 9 页。
⑤ 《1912 年 1 月 23 日邮政总局致邮传部呈》，载黄丽辉：《辛亥革命期间独立各省革新邮政的部分史料》，《民国档案》1991 年第 3 期，第 9 页。
⑥ 参见中华人民共和国信息产业部《中国邮票史》编委会编：《中国邮票史》第 3 卷，北京：商务印书馆，2004，第 8 页。
⑦ 《1912 年 1 月 23 日邮政总局致邮传部呈》，载黄丽辉：《辛亥革命期间独立各省革新邮政的部分史料》，《民国档案》1991 年第 3 期，第 9 页。
⑧ 《1912 年 1 月 23 日邮政总局致邮传部呈》，载黄丽辉：《辛亥革命期间独立各省革新邮政的部分史料》，《民国档案》1991 年第 3 期，第 9 页。
⑨ 《1912 年 1 月 23 日邮政总局致邮传部呈》，载黄丽辉：《辛亥革命期间独立各省革新邮政的部分史料》，《民国档案》1991 年第 3 期，第 9 页。

帛黎这些人以拖待变的行径引起了福建军政府的强烈不满。随即福建军政府拟定了强硬的应对之举，即拟就了更改邮票的具体办法："邮票应向上海大书局定印，须与该书局订定不得私印之约；应派员到沪监印，宜派二人轮值监视；应由都督府通电各独立省，请其承认闽省新邮票，俟总机关成立，再行改照新章举办；新邮票备便时，即交卜总办行用，如其反抗，须由本部收回自办。"①由此可以看出，福建军政府要求在其辖区售卖的邮票必须将表明邮票发行主体的邮票铭记由"大清邮政"变更为"中华邮政"，如果福建现有邮政当局不照办，那么福建军政府准备在上海新印邮票以备福建地方使用；如福建现有邮政当局拒绝使用新邮票，那么新政权将直接接管现有邮政。

福建军政府更改邮票的主张无异于是对帛黎等洋人把持的在福建军政府辖区内的大清邮政的通牒。如果福建军政府关于邮票的主张变成事实，大清邮政在福建将不复存在，并且福建军政府的这一行为将在革命党领导的军政府控制的其他地区产生相应的示范效应。如果这样，那就意味着帛黎苦心推行的"邮政中立"计划及其实践的终结，大清邮政在革命党及其军政府控制地区也将不存在。因此可以说，福建军政府更改邮票铭记、拟印制新邮票，直至接管邮政等主张是对帛黎邮政中立策略的直接挑战，如何应对以及在最短的时间内回应福建军政府的要求成为摆在帛黎面前最迫切的问题。

2. 筹印"临时中立"邮票

面对福建军政府通牒式的要求，大清邮传部束手无策，只是要求邮政司与邮政总局会商办法，商定的结果是"拟于现行邮票之上加印'临时中立'文字"②，并使这一行为更具权威性，请邮传部向邮政总局发文，要求邮政总局"迅速通电独立各省邮局，一律加印'临时中立'文字于现行邮票上"③，这样"临时中立"邮票就粉墨登场了。

至于发行"临时中立"邮票的原因，帛黎在1912年1月27日通知各地的邮务总办的秘密公函中说得非常清楚，称"鉴于目前中国国内政局动荡不安，为顺应形势避免事端，现有必要先将部分邮票加印'临时中立'字样，以应需要"④。即武昌起义之后，国内政局动荡，革命政权在一些省相继成立，为了满足革命党控制地区的邮政需要，发行"临时中立"邮票，因此"临时中立"邮票实际是限地区——革命党及其军政府控制地区使用的邮票。帛黎还在函中言及"已饬邮政供应处立即着手办理此项工作，将向各邮界配发此种加印邮票。各邮政局所一俟收到此种加印邮票，应即出售使用"⑤。从函中用"立即、一俟、应即"等副词来看，帛黎等对发行"临时中立"邮票一事是十分急迫的。再具体分析加盖邮票选用"临时中

① 《1912年1月23日邮政总局致邮传部呈》，载黄丽辉：《辛亥革命期间独立各省革新邮政的部分史料》，《民国档案》1991年第3期，第9页。

② 《宣统三年十二月初七日（1912年1月25日）邮传部札字第57号文》，转引自中华人民共和国信息产业部《中国邮票史》编委会编：《中国邮票史》第3卷，北京：商务印书馆，2004，第9页。

③ 《宣统三年十二月初七日（1912年1月25日）邮传部札字第57号、第58号文》，转引自中华人民共和国信息产业部《中国邮票史》编委会编：《中国邮票史》第3卷，北京：商务印书馆，2004，第9页。

④ 《关于发行加印邮票的通知——1912年1月29日天津分局署分局邮务总办塔立德签发的局谕第1908号》，载仇润喜主编：《天津邮政史料》第三辑，北京：北京航空航天大学出版社，1990，第284页。

⑤ 《关于发行加印邮票的通知——1912年1月29日天津分局署分局邮务总办塔立德签发的局谕第1908号》，载仇润喜主编：《天津邮政史料》第三辑，北京：北京航空航天大学出版社，1990，第284页。

立"一词虽然仅有四字，但它却有非常丰富的内涵。首先，武昌起义之后，帛黎为保证国内邮政的统一，在革命党及其军政府控制地区积极倡导并推行邮政中立政策，前文已经分析。帛黎在革命党及其军政府控制的地区推行的邮政中立政策，不仅得到了清政府及其邮政主管部门邮传部的认可，也得到了革命党及其军政府的认同。因此，在帛黎看来，发行"临时中立"邮票与邮政中立政策一脉相承，易于为革命党及其军政府接受。其次，从邮票发行技术上看，加盖"临时中立"四字属于在已有邮票基础上的加盖，加盖发行是一种相对简易的邮票发行方式，免去了邮票发行中一般要经过的选题、设计等冗长过程，速度快，效率高，可以满足政权更替、邮资调整等极端条件下邮票无法正常印制时邮政通信对对邮票的需求。再次，加盖"临时中立"这一处理可以达到如下惊人的效果，即在革命党控制的地区发售的邮票不仅避免了革命党人忌恨的"大清"邮政字样的出现，以部分满足革命党人的需要，也防止了"中华"邮政字样的出现，避免了对革命党及其军政府的承认。此外，"临时"二字，既是表示暂时的意思，表明在辛亥革命发生之后，社会一时失序的特殊状态下的特殊处理，与前文帛黎等强调的局势未稳，邮票不宜做更改相互呼应，既含有对革命党人的劝导，也含有对革命党人的安慰，更强调了邮政当下处境的艰难。

由此可知，帛黎正是以坚持邮政中立、消弭事端为原则，希望通过在革命党及其军政府控制地区发行加盖"临时中立"字样的邮票，以便使革命党及其军政府能够暂时放弃变更邮票铭记的主张。

"临时中立"邮票由邮政总局驻上海供应处负责加盖，实际交由海关总税务司署造册处承印。所加盖原票为清代伦敦版蟠龙无水印邮票和伦敦版欠资邮票，使用的是五号宋体字，有红色、黑色两色油墨横列加盖"临时中立"字样，共计加盖 23 种。其中蟠龙邮票共加印 15 种，包括加盖红色油墨字样的 7 种面值的邮票分别是：1 分（图 1）、2 分、3 分、5 分、1 角、1 角 6 分、5 角；加盖黑色字样的有 8 种面值的邮票，分别是：0.5 分（图 2）、4 分、7 分、2 角、3 角、1 元、2 元、5 元。欠资邮票共有 8 种全部以红色油墨加盖，包括使用原蓝色欠资邮票 6 种，分别是：0.5 分（图 3）、4 分、5 分、1 角、2 角、3 角；使用原棕色欠资邮票 2 种，分别是：1 分、2 分。

图 1　蟠龙加盖"临时中立"邮票　　　图 2　蟠龙加盖"临时中立"邮票　　　图 3　欠资加盖"临时中立"
（红色字样）1 分　　　　　　　　　（黑色字样）0.5 分　　　　　　　　邮票 0.5 分

3. "临时中立"邮票发行的波折

为了使"临时中立"发行收到预期效果，帛黎同时并进采取了两项措施：一是与外交使团接洽，要求

"协商驻京领袖公使，转饬独立省份各国领事，务期协助邮政各局切实推行"①，以使"所有已经加印'临时中立'字样之邮票照常通行，不得有所歧异"②。帛黎目的十分明确，就是借助外交使团对革命党及其军政府进行干预，以防不测③，以保障"临时中立"邮票能在革命党及其军政府控制地区顺利发行和使用。二是主张抓住重点，抓住要害。由于福建军政府对更换邮票铭记的主张最坚决，以邮政总办帛黎为首的大清邮政洋员认为福州最应尽快发行"临时中立"邮票，以平缓那里的局势，其次是南京、汉口、长沙等地区。

"临时中立"邮票最早在福州出售，但具体首发日期，至今尚未见记载，一种流行的说法是 1912 年 1 月 30 日。该说法来源于早年任职中国海关后又著有《华邮纪要》的西班牙人绵嘉义。④

"临时中立"邮票在福州一经面世，便遭到福建军政府的猛烈抨击。福建军政府交通司一面当即与福州邮务总办交涉，要求"加印之邮票暂勿颁行，应俟南京命令办理"⑤，并设法收回已发售的"临时中立"邮票，暂缓使用；一面将与福州邮务总办交涉情形电告南京临时政府交通部，并在电文中强调邮票发行"事关民国主权，请南京临时政府外交部与帛黎交涉，今后邮票发行不必由邮务总办经办"⑥。在福建军政府强大的压力下，福州署邮务总办卜礼士被迫答应了福建军政府的要求。这一事实在他随后给邮政总局的电文中得到了印证"日昨准民政府札文"⑦，即 1912 年 2 月 7 日允准了福建军政府的来文要求，暂不发售"临时中立"邮票，等待南京政府的回应。这样，"临时中立"邮票在福建暂停发售。

而处在革命风暴中心的大清南京邮务总办，及时拜会临时大总统孙中山以及临时政府外交、交通等部长，探讨革命党控制区域的邮政、邮票事务。至于会谈的具体情形，在该邮务总办事后给邮政总局报告的电文中可知一二，"金谓已电独立省份，毋得干涉邮务邮票，惟于加印临时中立之举，反对甚坚"⑧。也就是说，南京邮务总办在与临时大总统孙中山，以及外交部、交通部两部长晤谈时，他们都向该邮务总办提到已电告独立各省，要求已独立各省不得干涉邮务邮票，但对在革命党及其军政府控制区发售"临时中立"邮票一事坚决反对。对于电文中言及的已电告独立省份不得干涉邮务邮票一事，南京临时政府的这一行为着实令人费解，因为对待邮务邮票毋得干涉的政策与帛黎把持的大清邮政有关，但是对于这项政策，南京临时政府既没有对外宣示，也没有通过适当的途径通报外交使团或让作为邮政总办的帛黎知晓，却以与南京邮务总办晤谈的方式传播出去，尤其是传播被帛黎把持的邮政用意更是十分明显。南京临时政府的行为

---

① 《1912 年 1 月 25 日邮传部札》，转引自中华人民共和国信息产业部《中国邮票史》，编委会编：《中国邮票史》第 3 卷，北京：商务印书馆，2004，第 10 页。

② 《1912 年 1 月 25 日邮传部札》，转引自中华人民共和国信息产业部《中国邮票史》，编委会编：《中国邮票史》第 3 卷，北京：商务印书馆，2004，第 10 页。

③ 参见中华人民共和国信息产业部《中国邮票史》编委会编：《中国邮票史》第 3 卷，北京：商务印书馆，2004，第 9 页。

④ 参见中华人民共和国信息产业部《中国邮票史》编委会编：《中国邮票史》第 3 卷，北京：商务印书馆，2004，第 15 页。

⑤ 《1912 年 2 月 8 日邮政总局致邮传部呈》，载黄丽辉：《辛亥革命期间独立各省革新邮政的部分史料》，《民国档案》1991 年第 3 期，第 10 页。

⑥ 《闽交通司请外交部与邮务总办交涉邮票不必由其径发之呈文》，转引自中华人民共和国信息产业部《中国邮票史》编委会编：《中国邮票史》第三卷，北京：商务印书馆，2004，第 342 页。

⑦ 《1912 年 2 月 8 日邮政总局致邮传部呈》，载黄丽辉：《辛亥革命期间独立各省革新邮政的部分史料》《民国档案》1991 年第 3 期，第 10 页。

⑧ 《1912 年 2 月 8 日邮政总局致邮传部呈》，载黄丽辉：《辛亥革命期间独立各省革新邮政的部分史料》《民国档案》1991 年第 3 期，第 9—10 页。

清楚地表明临时政府要求独立各省不干涉邮务邮票不是它的本意，尽管尚未发现外交使团就"临时中立"邮票发行一事向南京临时政府交涉、施压的确凿证据，但结合前文和南京邮务总办的这份电文从侧面说明外交使团已就邮政及"临时中立"邮票发行一事与南京临时政府进行过交涉并施加了压力。在南京临时政府看来，对邮务邮票可以不加干涉，但"临时中立"邮票在革命党及其军政府控制区发售一事却将南京临时政府在涉及国家主权的邮政管理权上所剩的一点尊严都给剥夺了。南京邮务总办的电文将软弱的南京临时政府在"临时中立"邮票发售一事中的无奈、无助、愤懑的情态表现得淋漓尽致。南京邮务总办电文的到来对南京临时政府来说就如及时雨，在他们看来，南京邮务总办能听懂他们话语的潜台词，"临时中立"邮票发售一事该得到圆满的解决了。

南京邮务总办似乎知道南京临时政府的嘱托，或许更是职业的责任，使他在晤谈结束后即将南京临时政府对邮政、邮务及"临时中立"邮票发售的态度电告北京的邮务总局。大清邮政总办帛黎对南京临时政府对待邮务邮票的态度颇感意外，作为一个在中国官场浸染多年的帛黎自然更明白下一步应该采取的行动了。当然，帛黎还得算计，南京临时政府既已通电独立各省不得干涉邮政、邮务，那么革命党及其军政府控制地区的邮政管理权依旧在邮传部、邮政总局、邮政总办手中，帛黎在武昌起义后担心的革命地区的大清邮政遭破坏、遭接管的命运终于到此时可以解除了，因此对于南京临时政府及各省军政府极力反对的"临时中立"邮票的发售似乎也没有必要再坚持了，况且停售"临时中立"邮票也可以了却南京临时政府的一桩烦恼，给南京临时政府一点体面，帛黎自然觉得这样的交换很合算。至于具体该如何办理，帛黎早已心中有数，他还得按程序向邮传部请示，"查南京民政府既以电独立各省，则凡国民政府之行省，自无干涉邮票之虑。果系如此，其加印邮票一事，似可不必举行，拟由职局总办再行电查实在情形。倘确无干涉之虞，所有加印临时中立邮票之办法，应否即行取消，不敢擅定，理合呈请堂宪迅赐核示"[1]。在文中，帛黎态度恭谦，要核实事实是否如南京临时政府所说，但实际上帛黎在向邮传部请示该如何处理"临时中立"邮票一事时，即已电告各地暂缓发售该邮票，因为帛黎向邮传部的呈文签发日期是 1912 年 2 月 8 日，而仅仅在两天之后即 2 月 10 日，作为地方邮局的天津分局署分局邮务总办塔立德即签发了暂缓发行"临时中立"邮票的第 1914 号局谕"第 1908 号局谕所通知的发行加印邮票，现已决定暂缓发售。各局如收到此种加印邮票，应暂予封存、听候邮政供应股署供应股股长的指示，再作处理"[2]。从天津邮政分局邮务总办发出的通谕可知，"临时中立"邮票最晚已经在 2 月 10 日开始暂停发售。

随着封存、停售命令的发布与执行，"临时中立"邮票似乎此时也已经谢幕了。后来，在有关"临时中立"邮票的出版物中，指因加盖文字欠妥遭反对而停售[3]，文中分析已经表明，这一观点与历史事实有违。

① 《1912 年 1 月 23 日邮政总局致邮传部呈》，黄丽辉：《辛亥革命期间独立各省革新邮政的部分史料》，《民国档案》1991 年第 3 期，第 10 页。

② 《关于暂缓发行加印邮票的通知——1912 年 2 月 10 日天津分局署分局邮务总办塔立德签发的局谕第 1914 号》，载仇润喜主编：《天津邮政史料》第三辑，北京：北京航空航天大学出版社，1989，第 284 页。

③ 参阅孙少颖：《票题畅谈之十四：加盖"临时中立"邮票》，《集邮博览》2004 年第 2 期，第 28 页。

　　上述事实充分说明，"临时中立"邮票的发行是在武昌起义之后，以帛黎为首的洋员为维护大清邮政的统一，防止革命党及其军政府破坏，甚至接管大清邮政而在革命党及其军政府控制地区采取邮政中立政策的背景下，而采取的应对之举：不变更邮票铭记或使用标明革命政权性质的邮政戳记。从发行主体上看："临时中立"邮票发行时，清帝尚未退位、清王朝尚未解体，大清邮传部名义上还是中国邮政的主管部门，该邮票是由大清邮政总办帛黎直接提议并负责筹办，并在形式上由大清邮传部允准的；"临时中立"字样是由大清邮政总局驻上海供应处负责加盖的；"临时中立"邮票的发售也是在听命于大清邮政总局及其总办管理的各地方邮政局承担的，在革命地区诸如福州、汉口、长沙、南京等地莫不如此（革命地区的大清邮政从来就没有接受过革命党及其军政府的管理和领导）。从革命党及其军政府对"临时中立"邮票发行后的态度看："临时中立"邮票在革命党及其军政府控制地区的发行遭到了革命党及其军政府的普遍反对。由此可见，"临时中立"邮票并非属于民国第一套邮票，而是大清邮政发行的最后一套普通邮票，并且也是一套限地区贴用的邮票。对于"临时中立"邮票归结为民国邮票的原因，学术界很少论及，或许这样的一些观念束缚了人们的认识："临时中立"邮票发行"这件事究竟是发生在中华民国宣布成立以后的历史事件，中国邮票史还是把它编入民国卷，才符合历史发展进程"①。这种归因是在回避最基本的事实，是应当予以纠正的。

---

① 孙少颖：《票题畅谈之十四：加盖"临时中立"邮票》，《集邮博览》2004 年第 2 期，第 28 页。

战国中山国的金银工艺

苏荣誉

摘　要: 本文是根据战国中山国考古发掘的金银器资料,对该国金银工艺进行的梳理。首先整理了铸造和锻造的金银器,然后归纳箔金、银,包金、银,鎏金、银,错金、银工艺及其产品,还发现了金银铸镶和拔丝工艺,揭示出中山国特殊的金银器和金银工艺并称丰富的现象。对战国中山青铜器研究揭示部分器物铸造于侯马铸铜作坊,遂提出中山国金银器原材料和制成品的来源问题,希望工艺分析可以成为解决这个问题的一条途径。

关键词: 战国中山国;金银器;金银工艺;产地

一、前　　言

金和银都是贵重金属,稀少,颜色鲜艳,是古代物质文化中富有魅力的材料,成为财富的象征并发展成为货币。因此,在多数古代文明中,形成了强烈的拜金文化。

金是一种过渡族金属元素(原子序数为 79,原子量 196.97,密度 19.3g/cm³,熔点 1064.18℃,莫氏硬度 2.5),颜色灿黄,具有优异的延展性和良好的耐蚀性,故而多有大小不等的自然金块存在,也易于与银、铜形成各式各样的合金并制作首饰和贵重装饰品。金的地壳丰度为 0.0011PPm,极为稀有,不蚀不耗,成为古代财富的代表和象征。人类使用自然金的历史,应可追溯到新石器时代之前,保加利亚瓦尔纳(Varna)发现的一处铜石并用时代墓地(Varna I),年代在公元前 4550—前 4450 年,出土了大量黄金制品,材质以金-银合金为主,银含量在 6%—30%。这一发现既充分体现了黄金崇拜,也表现了多种黄金加工技术,还蕴含当时当地金和金器的供给与流通。①及至古希腊亚

苏荣誉(1962—),陕西山阳人,中国科学院自然科学史研究所教授,中国科学院大学和南京艺术学院教授,以研究古代金属的材料、技术和艺术为职志,旁及冶金考古、科技典籍、传统工艺和物质文化等方面。发表论文 40 余篇

---

① Fol A, Lichardus J (eds.) 1988 Macht, Herrschaft und Gold: das Graberfeld von Varna (Bulgarien) und die Anfaenge einer neuen europaeischen Zivilisation, Saarbrücken. Verena Leusch, Ernst Pernicka, Barbara Armbruster, 2014, Chalcolithic Gold from Varna-Provenance, Circulation, Processing, and Function, Tagungen des Landesmuseums für Vorgeschichte Halle, Band 11: 165-182.

历山大大帝以金为货币，略晚于波斯。

然而，中国古代有所不同，虽然不乏金的赋存，但对其开采、加工和使用都非常之少，不受重视，也没有形成崇拜。金出现在中原已晚至商代早期，是郑州商城发现的一片金箔，此后陆续有所发现，但星星点点，不成风气。直到西周晚期，中原某些墓葬才有较多金饰品出现，但却与青铜器采用同样的技术和工艺。这一时期金制品和饰品多以铸造成形，建立起中原金器的传统，事实上相当孱弱。春秋晚期开始出现的百家争鸣，加之斯基泰文化的影响，金制品或饰品在某些国族开始增多，其中中山国是较为突出的[①]，但对其金银工艺的研究非常之少。

银也是过渡族元素（原子序号为 47，原子量 107.87，密度 $10.49g/cm^3$，熔点 961.78℃，莫氏硬度 2.5），白亮色，同时具有极好的延展性。银在地壳中的丰度为 0.07PPm，虽有天然态赋存，但颇为稀少，基本赋存在铅-锌矿、铜矿和金矿等矿物中，与硫、砷、锑、氯同在。重要的银矿包括辉银矿（argentite, Ag_2S）、角银矿（chlorargyrite, AgCl）和深红银矿（pyrargyrite, Ag_3SbS_3），几乎都生成在铜、铜-镍、铅和铅-锌矿中，所以银通常是冶炼这些金属的副产品（by-product）。因为银的品位太低，直接还原和萃取法均不奏效。例如青铜时代晚期到罗马时期都在开采的西班牙西南 Rio Tinto 银-铁-钒矿（argentojarosite），含银 0.20%，淋湿处理富集后，还需要用铅富集才能冶炼[②]，富集成为炼银的关键技术。以铅富集银成银铅混合物，然后在 900—1000℃将铅氧化成氧化铅灰，吹去灰则留下银，再予精炼成银，这一工艺被称为灰吹法（cupellation），它是古代银冶金的主导工艺。灰吹法炼银所采用的是两步法工艺，中间产物是银、铅混合物。正因为如此，早期的银比金贵重，古埃及王朝银贵黄金一倍。可见，上古银和银器的确是财富和身份的象征，故而约在公元前 700 年的吕迪安（Lydian）开始用作货币。

人类采集天然银的行为，可以上溯到新石器时代。在土耳其东南公元前六千纪 Domuztepe 遗址中发现三颗银珠，即被认为有可能是天然银制作的。至公元前四千纪，银已较多用于装饰，还有学者认为有天然银制作的可能。[③]但从学理上将天然银和冶炼银区分开还有待研究。因为考古样品珍贵，除银币外，对古代银的分析欠缺较多。[④]早期是否通过偶然采集到天然银发展到开采银，还缺少足够证据，但在小亚细亚和爱琴海岛上发现的渣堆，表明早在公元前第四千纪人类已经露采银矿，并将银从铅中分离了出来。[⑤]发

① 苏荣誉：《传统与变奏：阿富汗与中原早期金工寻绎》，"器服物佩好无疆：东西文明交汇的阿富汗国家宝藏学术研讨会"，清华大学艺术博物馆，2019 年 6 月 15 日。

② Ronald F. Tylecote, 2002, A History of Metallurgy, 2nd edition, London: Maney Publishing, pp. 45-71. 直到 17—18 世纪的英格兰，银矿的品位是 0.045%，同样先以铅富集再以灰吹法冶炼（同上，第 114 页）。直到十九世纪 Pattinson 发明熔析结晶法，灰吹法一直是银冶炼的核心方法（同上，第 117 页）。

③ Carter E, Campbell S, Gauld S. Elusive Complexity: New Data from Late Halaf Domuztepe in South Central Turkey. Paléorient, 2004, 29(2): 117-134；Philip G, Rehren T. Fourth Millennium BC Silver from Tell es-Shuna, Jordan: Archaeometallurgical Investigation and Some Thoughts on Ceramic Skeuomorphes. Oxford Journal Archaeology, 1996, 15(2): 129-150.

④ Helwing B. Silver in the Early State Societies of Greater Mesopotamia, Tagungen des Landesmuseums für Vorgeschichte Halle, 2014, Band 11/Ⅱ, pp. 411-421；Pernicka E. Provenance Determination of Archaeological Metal Objects, in Roberts B W, Thornton C P. ed., 2014, Archaeometallurgy in Global Perspective, Methods and Syntheses, Springer, pp. 259-261.

⑤ Rehren T, Eckstein K. 2002, The Development of Analytical Cupellation in the Middle Ages, in Jerem E and Biró K T (eds) Archaeometry 98, Proceedings of the 31st Symposium, Budapest, April 26-May 3, 1998, Oxford: BAR International Series 1043— Central European Series 1, 2: 445-448.

展到罗马时期，货币需求大量银，巅峰时期银产量达到每年 200 吨。[1]逐步形成了法定纯银（sterling silver，或称标准纯银，92.5%银、7.5%铜）的银本位体系。

中国古代的银也是灰吹法冶炼的，相信这一技术传自中亚。明陆容《菽园杂记》和宋应星《天工开物》所记载的炼银，即是典型的灰吹法。至于中原何时掌握这一技术，目前还缺乏文献与考古资料，最早的银-铅混合实物发现于西安，属唐代遗物，是唐代掌握炼银工艺的实证。[2]《魏书·食货志》提到长安骊山银矿"二石得银七两"、恒州白登山银矿"八石得银七两"，可将炼银技术上推到北魏。可否推至两汉，有待资料发现。银在中原出现很晚，不早于春秋晚期，而且数量十分有限。如果先秦中原不能冶炼银，那些有限的银制品和银饰品的银，都应是舶来的材料。[3]

先秦金银遗物稀少的格局，与中山国中多见且多样的现象反差巨大，十分突出，本文即是对这些金银器和工艺技术的简单梳理，按照工艺归纳，将问题提出，旨在抛砖引玉。

需要说明的是，本文所讨论的战国时期的中山国，按照黄盛璋先生的研究是姬姓中山。[4]据《史记·赵世家》，赵献侯十年（前 414）"中山武公初立"，居燕、赵之间，都灵寿；根据中山王𰯼墓出土器物的铭文，知中山国武公立国，历桓公、成公、𰯼王（前 327—前 313）、𰯼𧻙和尚王，前 296 年为赵所灭。战国中山所处之地春秋时属鲜虞，再早属白狄，它们和战国中山的文化、自然资源和生产技术关系有待研究。

就研究资料言，灵寿故城及其周围墓葬可认为属中山国，王陵分城内和城外两处，城内两陵分属桓公（M7）和成公（M6），城外陵区在西灵山下南坡高地，王𰯼葬于彼。这些墓葬及其陪葬墓、车马坑和附葬坑所出遗物，包括盗洞中的遗物，是本文所讨论的素材。

二、金 器 加 工

将金块打制成金叶和金箔的工艺，在中原可以上溯到商代早期。郑州商城一狗坑曾经出土团在一起的金叶（C8T27M24:1），重 18.5 克，金叶展开后形似夔纹。[5]盘龙城杨家湾出土的一具金片绿松石兽面（M17:31），兽面眉、目和牙以金片制作，《考古》上刊发的简报推定其年代出于早商向晚商过渡期。[6]这些金片尚未见分析报告公布，微观显示出铸态的可能，再经剪切成器。平谷刘家河商墓年代在中商，其中出土金簪、钏、耳饰和金叶，含金约 85%，发掘简报认为是铸件[7]，形貌无锻打痕迹，是为铸件佐证。据观察，这两地金器铸造成形，工艺一致，也与青铜器工艺传统吻合。例外的是，金箔和金叶饰品均系打制而成，二里岗期偶见的金箔，

① Hammond C R. 2000, The Elements, in Handbook of Chemistry and Physics 81st edition. CRC press.

② 一冰：《唐代冶银术初探》，《文物》1972 年第 6 期，第 40—44 页。

③ 苏荣誉、华觉明、李克敏，等：《中国上古金属技术》，济南：山东科学技术出版社，1995，第 327—328 页。

④ 黄盛璋：《关于战国中山国墓葬遗物若干问题辨正》，《文物》1979 年第 5 期，第 43—45 页；《再论平山中山国墓若干问题》，《考古》1980 年第 5 期，第 444—447、435 页。

⑤ 河南省文物考古研究所：《郑州商城：1953—1985 年考古发掘报告》，北京：文物出版社，2001，第 844 页，图版 243.4。

⑥ 孙卓、万琳、韩用祥，等：《武汉市盘龙城遗址杨家湾商代墓葬发掘简报》，《考古》2017 年第 3 期，第 15—25 页。

⑦ 袁进京、张先得：《北京市平谷县发现商代墓葬》，《文物》1977 年第 11 期，第 1—8 页。

在前述平谷刘家河墓和藁城台西墓地，安阳大司空、薛家庄等墓地，滕州前掌大墓地均有零星出土，可能都是漆木器的装饰；而石楼桃花者等地出土的商时期金叶和金叶形珥饰，连同穿系的金丝①，都是锻打成形的。

　　以铸造工艺为主体制作独具特色、近于青铜器纹饰的金器，标志着中原金器传统的形成。西周晋侯墓地，两周之际的虢国墓地、芮国墓地，以及稍晚的秦国墓地，乃至战国早期曾侯乙墓所出的金器，多属于此。②但自春秋晚期，锻打金器的增多、拔丝工艺的出现、鎏金工艺的出现，以及错金工艺的繁荣，应该反映了欧亚草原的金工持续对中原产生着影响。这和所谓的鄂尔多斯青铜器逐渐诸多，以及后来滇风格青铜器的突然爆发是具有内在关联的。这一现象容另外为文讨论。

　　锻打工艺的实例，在中山国较多。太行山中的原平，塔岗梁三号墓出土一组金饰，包括两组金丝耳环（M3: 7、M3: 8）、一个金泡（M3: 9）和由金管穿成的一个串饰（M3: 10）。③金耳环实由扁金丝绕成，截面不甚规则，显然是锤锻加工而成。同样，串饰的金管，大小、粗细不匀，也应是金片卷成的管，经缀联而成（图1）。王䶮墓中例证很多，金皮花棱管43件，直径在12毫米×8毫米、长者32毫米、短者18毫米，重量5—4克，发掘报告以为是金叶包铜片卷成花棱扁状，可容一股革带穿过（图2）。北盗洞出土的一件金圆管（BDD: 19），直径14毫米、长51毫米，对边四角有穿孔，可穿两股革带。至于三件金皮斜孔管，椁室出土两件（GSH: 48.1-2），北盗洞出土一件（BDD: 24），均是多角形金片包铜片卷成上大下小的扁管，管上中部突出，中间内折，左右对称，当是革带合股时的管头，前两件较大，可容四股革带穿过，后者较小，只能容两股穿过。④这些管的制作工艺和金片卷成金管工艺一致。

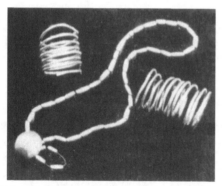

图1　塔岗金丝、泡、串珠 M3.7-10（引自《文物》1986年第11期第25页，图13）

图2　金皮花棱管 BDD: 20.1-4、BDD: 22.1-4（引自《䶮墓》图版108.1）

---

① 河北省文物研究所编：《藁城台西商代遗址》，北京：文物出版社，1985，第145页；马得志、周永珍、张云鹏：《一九五三年安阳大司空村发掘报告》，《考古学报》1955年第1期，第52页；河南省文化局文物工作队：《河南安阳薛家庄殷代遗址、墓葬和唐墓发掘简报》，《考古通讯》1958年第8期，第25页；中国社会科学院考古研究所编著：《滕州前掌大墓地》，北京：文物出版社，2005，374页；韩炳华主编：《晋西商代青铜器》，北京：科学出版社，2017，第305—310页。

② 苏荣誉：《传统与变奏：阿富汗与中原早期金工寻绎》，"器服物佩好无疆：东西文明交汇的阿富汗国家宝藏学术研讨会"，清华大学艺术博物馆，2019年6月15日。

③ 李有成：《原平县刘庄塔岗梁东周墓》，《文物》1986年第11期，第21—26页，图13。

④ 河北省文物研究所：《䶮墓——战国中山国国王之墓》（以下简称《䶮墓》），北京：文物出版社，1996，第152、154页，图版108.1、108.3，109.1。

锻打金的极致即是金箔，称为箔金工艺。中山国箔金材料不少，包金材料俱是金箔。除此之外，王䝗墓西库出土几何形金箔片 31（XK: 96.1-31）、车马坑出土双凤形金箔 15 片，前者有正方形、长方形、三角形、八角形和梯形等品类，边角到中间有细小的钉孔（图 3），考古报告推测是漆木器装饰。后者双凤左右对称，尖喙，长颈前曲，长冠后飘，双爪一前一后，尾卷云形并对联，虽所附不详，实为优秀的剪纸作品，长 138 毫米、宽 86 毫米（图 4）。[1]这些金箔厚度未经测量，当属微米量级；用于包金装饰的多为金叶，厚度多为数十微米。

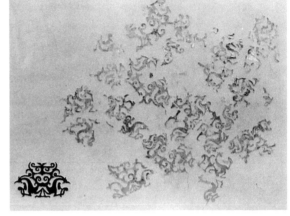

图 3　几何形金箔 XK: 96.1-31（引自《䝗墓》图版 110.1）　　图 4　双凤形金箔 CHMK2: 103.1-15（引自《䝗墓》图版 110.2）

铸造金器体现着中原自西周建立的金工传统，其工艺可上溯到前述平谷刘家河商墓出土的金臂钏和金笄。王䝗墓车马坑出土的金帽 CHMK2: 48.1-2，圆銎龙首，中空，銎边有棱，两侧有钉孔，长 98 毫米、径 30 毫米，系铸造成形。[2]出土铜戈往往配有鐏，且有配金鐏者。戈 CHMK2:15 与 17 成对，各配金鐏 CHMK2:16和 18。两金鐏形制相同，均铸造成形，但所饰两条相向龙，龙眼用银和蓝琉璃镶嵌而成。鐏身纹饰细若毫发，系以锐利的针刺刻而成。外侧向下的一条龙，以银错一对龙角，龙身刻羽翼纹，面和腹为鳞纹，耳刻毛发，背部斜方格纹。向上的一条龙，银错双翼，刻画双角，额、耳可毛发，身饰鳞纹（图 5）。[3]戈鐏如此华美而戈体非常简朴，颇不寻常。此外，王䝗墓二号车马坑还出土有一对金衡帽（CHMK2: 61.1-2），属三号车，筒状龙首造型，圆銎，中空，侧壁有钉孔，长 98 毫米、径 30 毫米，分别重 298 克和 335 克。龙首状若鳄鱼头，长口微启，牙齿交错，鼻前端上翘，鼻翼盘卷，鼻中有皱褶，大眼圆睁，一对黑眼珠突出，宽厚的眼皮为带状，从鼻头起而至于两颊。额中有小圆盖突起，其上沿管壁斜竖浮雕双角，均螺旋形，两侧设浮雕树叶形耳，两颊饰卷云纹（图 6）。眼珠材料未报道，漆黑色，可能为银，也可能为黑宝石。何种材质及如何嵌入都值得研究。古埃及法老面具和雕塑，往往有相同效果的镶嵌，这一点，也体现在金鐏龙眼以银和蓝琉璃镶嵌上。这些工艺与古埃及的关系，应是值得深探的问题。

---

① 河北省文物研究所：《䝗墓》，北京：文物出版社，1996，第 154 页，图版 100.1-2，图 57。

② 河北省文物研究所：《䝗墓》，北京：文物出版社，1996，第 315 页，图版 147.2、228.1，彩版 37.1。

③ 河北省文物研究所：《䝗墓》，北京：文物出版社，1996，第 296 页，图 138，图版 211.4、211.1。

图 5 金镡 CHMK2:16（引自《𧊒墓》彩版 36.2）　　图 6 金龙首衡帽 CHMK2: 48.1、2（引自《𧊒墓》彩版 37.1）

三、银 器 加 工

优良的延展性是古人最先认识的银的性能之一，两河流域开始的银器加工首先是锻打。因此，冷锻是最先使用且贯穿始终的金属加工工艺。古希腊时期出现的银币也是模锻的，只有极个别的圆雕才铸造成形。

战国中山使用了较多银和银制品，在先秦诸国中颇为独特。成公墓出土的四件银盖帽 M6:12.1-4，原本套在木器端头，八棱形，盖面有孔。[1]从照片看，盖面有径向裂纹，折角棱鼓，表现出冷锻成形的特点。王𧊒墓出土一片银箔（XK: 96.2）是一长条形残段，残长 45 毫米、宽 14 毫米，与金箔同时出土，可能同属漆木器装饰。[2]可惜发掘报告未公布图像资料，它是目前所知中国最早且稀有的银箔，外地输入的可能性不是没有。至于银片或银叶，𧊒墓多有出土。北盗洞和椁室出土 49 件银皮花棱管（BDD: 32、GSH: 32.1-13、BDD: 33），均是管状带饰，发掘报告认为属于包铜遗物，或者不少属于包皮遗存。多为不规则或圆形截面的管形（图 7），为银片锤打并剪切、粘贴而成，其上的孔用于连缀。

图 7 银皮花棱管 BDD: 32.1-4、BDD: 32.8、BDD: 35.1、36-1、37-1（引自《𧊒墓》图版 108.2）

---

① 河北省文物研究所：《战国中山国灵寿城——1975—1993 年考古发掘报告》（文中简称《战国中山国灵寿城》），北京：文物出版社，2005，第 174 页，图 135，图版 80.4。

② 河北省文物研究所：《𧊒墓》，北京：文物出版社，1996，第 154 页。

　　铸银成器或附件在中山国占有相当大的比重，成公墓西库出土的银首人俑灯堪为典范。灯由人俑、螭、灯杆、灯盘和方座组装而成，通高 664 毫米。俑高 256 毫米，其头以银铸造，梳髻，发顶罩巾，后打花结，前系下颌。俑双眉翘起，镶黑宝石为眼珠，面带微笑，嘴角翘起，胡须遮唇[①]，娴雅潇洒，未见胡狄之像，是铸银艺术的杰作。而以宝石镶嵌眼睛，如前文所及，在古埃及雕塑中颇为风行。王譽墓出土的漆木器的银足、银纽和环，几乎都是铸造成形的。DK: 79.1-6 和 DK: 80.1-6 分别是两件小鼎的三件银足，配三件环形银盖钮。足为蹄形，背后出叉承托鼎，中空；纽为环形出尾（图 8），端头插入鼎盖之中。一件银器足 GSH:39 作山羊头形，双角内弯，长嘴为足。另两件足作蹄形，中空，约为漆鼎之足。东库出土两件银环形钮 DK:81.1-2 为一对环上有凸棱，下有长方形榫。[②]这些足和纽均由金属铸造成形。

图 8　银人首铜俑灯 M6:113（引自《中国青铜器全集》9.175，北京：文物出版社，2009）

　　王譽墓二号车马坑出土了 2865 颗银珠，出于两驾车的车栏处，估计为车阑的挂饰。属二号车 CHMK2:58 的有 1732 颗，属四号车 CHMK2:93 的有 1133 颗。这些银珠都是圆形，中有通孔，其中泥芯尚存，说明铸造成形。分大小两种，大者直径 11 毫米，小者只有 9 毫米。分网形和串形两类串联一起。前者为菱形格，饰车前栏，后者串成悬垂，饰车两侧（图 9）。和椁室这出土的两丸银球弹（GSH:61.1-2）一样[③]，均铸造成形。

　　三银兽面环形饰 BDD:41 直径 52 毫米，重 128 克，据痕迹知此器是一中心环饰，三向系带。其结构是在一宽边铜环上设等距离三个短柱，柱上托银兽面。兽面眉、鼻和嘴又各构成一小兽面（图 10）。[④]银兽面应是铸造成形，并与铜环为铸接关系。以铸造成形、铸接连系是商周青铜器的工艺传统。

① 河北省文物研究所《战国中山国灵寿城——1975—1993 年考古发掘报告》，北京：文物出版社，2005，第 150、153 页，图 115-121、70-71，彩版 19-20。
② 河北省文物研究所《譽墓》，北京：文物出版社，1996，第 251、255、252—253 页，图版 107.5-8、192.2、193.1。
③ 河北省文物研究所《譽墓》，北京：文物出版社，1996，第 326—327、305 页，图版 152.8-9、142.14、234.4、216.2，彩版 37.2。
④ 河北省文物研究所《譽墓》，北京：文物出版社，1996，第 146 页，图版 97.4，彩版 17.1。

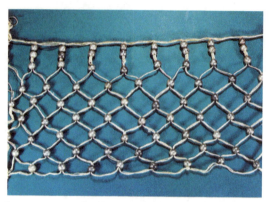

图 9 银珠网饰 CHMK2:58（引自《𪨊墓》彩版 37.2）

如前所述，目前没有证据说明先秦中国已经掌握了炼银技术，可以推知先秦银材是鸢方输入的。上述讨论的多见器物铸造成形，加工却是地道中原方式。同样，墓葬出土银贝五个（GSH:42、BDD:26.1-4），椭圆形平面，正面开口，长 32—34 毫米、宽 22—23 毫米，重近 11 克（图 11），发掘报告推测可能为棺饰，铸造成形。①侯马晋国石圭作坊出土铸贝泥范（图 12）②，贝形一致，二者应有密切关系。指认中山国银杯铸于侯马作坊亦不为过。

图 10 铜三银兽面铜环饰 BDD:41
（引自《𪨊墓》彩版 17.1）

图 11 银贝 BDD:26.1-4，GSH:42
（引自《𪨊墓》图版 111.2）

图 12 侯马贝范 T2019T2339.0151-1
（引自《文物》1987 年第 6 期
第 76 页，图 10）

金与银两种贵金属，一黄一白，光亮耀眼，常常互相配合为装饰品。王𪨊墓出土两件狗项圈，均出于杂殉坑两具狗骨架的颈部，用途明确，用狭长金片或银片卷成扁管，外面正中有一沟槽将管平分，缝合在管内壁，而管四角有小孔可缀联，并贯穿在革带上，外侧缀一铜环以接带。ZXK:1 用九根金管和九根银管相间串成，管截面椭圆，背面均刻铭"私库"，管径 30 毫米×9 毫米、长 20 毫米，金管均重 12.1 克而银管为 7 克。ZXK:2 用金、银管各八个，其余相同（图 13）。③两项圈设计巧妙，做工严谨，堪为一时代表作。

---

① 河北省文物研究所：《𪨊墓》，北京：文物出版社，1996，第 154—155 页，图版 111.2。

② 吴振禄：《晋国石圭作坊遗址发掘简报》，《文物》1987 年第 6 期，第 73—81 页。

③ 河北省文物研究所：《𪨊墓》，北京：文物出版社，1996，第 154 页，图版 190.13、111.1，彩版 18.4。

图13　金银狗项圈 ZXK:2、1（引自《譽墓》彩版18.4）

四、鎏金与包金

中山国习用金银装饰器物，以之为贵，因此有不少贴金、包金和鎏金装饰的青铜器。贴金和包金工艺相同，前者是将某种形状的金箔以胶黏贴在特定部位，目的在于装饰金色图案，后者是以金箔包裹器物，通常是青铜、铅锡或陶质器物，视觉效果如金器。鎏金工艺大不相同，是利用汞可溶金为金汞剂，而其中的汞加热可挥发而将金附着在特定部位，通常是覆盖在器物表面使之视觉效果若金的工艺。可以说，通常情况下，鎏金和包金的目的是一致的。

平山穆家庄墓出土一件鹿形饰（M8102:15）[①]，以金箔贴在铜器表面，看起来器物似金质（图14）。王譽墓椁室出土包金铜泡饰14件，大小分四种。均圆鼓面，铜胎外包金片。GSH:35.1-3三件，直径59毫米，背面有四个环列半环鼻，每件重142.5克（图15）。两件包金泡饰BDD:42-43为环形，外圈凸棱包金叶，中间镶嵌一朵银梅花（图16），前者背面环沟铸铭十二字"十三祀，私库啬夫煮正，工题昏"，后者则铭"十三祀，私库啬夫煮正，工陲面"。[②]包金周正平光，未见折痕，至于嵌银花，工艺尚且不明。

图14　包金铜饰件 M8102:15（引自《战国中山国灵寿城——1975—1993年考古发掘报告》彩版54.1）

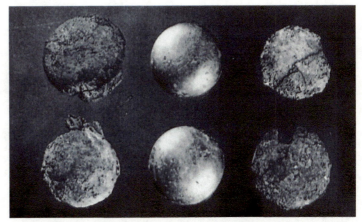

图15　包金泡饰 GSH:35.1-6（引自《譽墓》图版98.1）

---

① 河北省文物研究所：《战国中山国灵寿城——1975—1993年考古发掘报告》，北京：文物出版社，2005，第264、285页，图版225.4。

② 河北省文物研究所：《譽墓》，北京：文物出版社，1996，第146—147页，图版97.5-6、170.3-6，彩版17.2。

图16　包金镶银铜泡饰 BDD:42、43（引自《畺墓》彩版 17.2）

　　鎏金处理的铜器主要是日用品，另有少量装饰品。王畺墓二号车马坑出土鎏金兽纹带钩八件（CHMK2:
11.1-8)，形制相同，钩首为螭首形，细颈，勾尾圆弧形。钩面饰相背二兽，背后一钮。[1]鎏金多已脱落，说明鎏
金层不厚或者鎏金工艺有待提高。铜匕 GSH:45 系长条形，窄柄宽匕，发掘报告以为经鎏金处理，但信息太少。

五、错金与错银

　　中山国青铜器一大装饰特色即是错金银。

　　成公墓西库出土的一对牺尊 M6:111，可为略早的代表。牺尊造型完整，口微张，竖耳睁眼，颈有项圈，
背中央开口并接设回首燕形盖，短尾略翘，肌肉饱满，四足有力。通高 280 毫米、长 400 毫米、宽 160 毫
米、重 4.4 千克。牺尊通体以银和红铜片与丝错云纹和勾连云纹，以金镶错项圈，以绿松石嵌牺首、燕盖
和器身局部（图17）。[2]嵌、错穿插使用，金、银、红铜和绿松石巧妙搭配，美轮美奂。

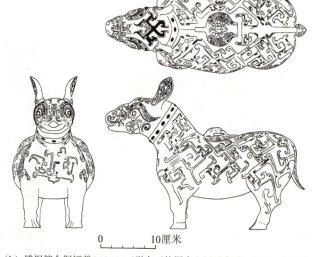

0　　　　　10厘米

（a）错银镶金铜牺尊 M6:112（引自《战国中山国灵寿城——　　　　（b）错银镶金铜牺尊 M6:111（引自《战国中山国灵寿城—1975—1993 年
1975—1993 年考古发掘报告》彩版 23)　　　　　　　　　　考古发掘报告》图 127)

图17　错银镶金铜牺尊

①　河北省文物研究所：《畺墓》，北京：文物出版社，1996，第 146 页，图版 97.2-3。

②　河北省文物研究所：《战国中山国灵寿城——1975—1993 年考古发掘报告》，北京：文物出版社，2005，第 166 页，图 127，图版 74，彩版 23。

　　王䜭墓中出土的构件，不少经错银加工，包括大量构件。西库出土的两件一对长条形镶饰（XK:54 和 55）及两件一对连接扣器（XK:56 和 57）堪为代表。前者通长 770 毫米、宽 60 毫米，重 3.5 千克，器表由宽窄不同银片以及细微银丝错出繁复华丽的勾连云纹（图 18）。后者由两段方形截面筒构接而成，错银为工整繁复的勾连云纹。[①]西库出土的划纹磨光黑陶器，纹饰线条与器表产生明暗对比，犹若陶器表面错银被氧化成黑色调，很可能是对错银效果的模仿。

（a）错银铜连接扣器 XK:56（引自《䜭墓》彩版 15.2）

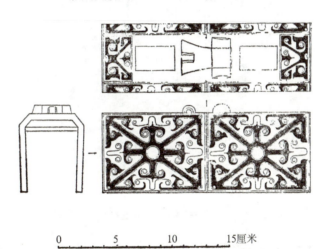

0　　　5　　　10　　　15厘米

（b）错银铜连接扣器 XK:56（引自《䜭墓》图 52.2）

图 18　错银铜连接扣器

　　龙凤方案座（DK:38）是王䜭墓最为复杂、华丽的器物，面板可能为漆木质，糟朽不存。座顶面方框内嵌面板，方框以斜枋、斜枋上下出蜀柱相承，下面蜀柱插入龙头。四条龙站立在圆环上承持案架，龙双翅后翘成拱，双身两侧绕环，环中各钻出一凤鸟，振翅飞翔，引颈高歌，凤尾长垂，圆环下两对卧鹿承器[图 19（a）]。[②]此器物结构复杂而巧妙，但疏密有致，是建筑性青铜器中的极品。如此复杂之器，却是采用传统的泥范块范法，通过多次铸接和焊接成形的，成为认识中原青铜工艺传统的重要例证。[③]但器物的纹

---

①　河北省文物研究所：《䜭墓》，北京：文物出版社，1996，第 142 页，图版 52.1-2、 96.1-2，彩版 15.2。

②　河北省文物研究所：《䜭墓》，北京：文物出版社，1996，第 137—138 页，图 49A-C，图版 91-92，彩版 14。

③　苏荣誉、刘来成、华觉明：《中山王此墓青铜器群铸造工艺研究》，载河北省文物研究所《䜭墓》附录一，北京：文物出版社，1996，第 548—577 页；苏荣誉：《磨载：苏荣誉自选集》，上海：上海人民出版社，2012，第 268 页；华觉明：《中山王此墓龙凤方案的铸造工艺》，载《华觉明自选集》，郑州：大象出版社，2017，第 581—584 页。

饰，不再以商和东周时期铸造纹饰为根本，而是在铸造的沟槽中错金银：方框、枋、柱和圆环满错云纹，龙身、凤体满错鳞纹和羽纹，鹿身满错水滴纹［图 19（b）、19（c）、19（d）］，黄、白相间，明亮耀眼，美不胜收。

（a）龙凤方案座 DK:33（引自《鄳墓》彩版 14）

0   10厘米

（b）龙凤方案座 DK:33（引自《鄳墓》图 49A）

0 _____ 10厘米

（c）龙凤方案座 DK:33（引自《礨墓》图 49B）　　　　（d）龙凤方案座 DK:33（引自《礨墓》图 49C）

图 19　龙凤方案座

六、拔 金 丝

　　拔丝工艺的例证只辨识出一个，即平山访驾庄墓出土的一对金丝耳环 M8004:1.1-2，出土于墓主头颅两侧耳根处，为耳环无疑。两件形制相同，均是以细金丝绕三圈，形成螺旋形环，环径 40 毫米，重 6 克（图 20）。[①]金丝两端稍尖，虽然其直径未见报告，但图片表现截面圆而粗细均匀，具有拔丝特点。若能对之做进一步微痕分析，还应能观察到拔丝锥、拔丝速度，甚至退火处理等工艺细节。

图 20　金丝圈耳环 M8004:1.1-2（引自《战国中山国灵寿城——1975—1993 年考古发掘报告》彩版 47.2）

七、金银铸镶

　　铸镶工艺是在青铜块范法铸造中垫片技术的基础上发展出的装饰工艺。穆家庄出土的盖豆 M8101:2 纹饰系铸镶红铜，金银铸镶的实例罕见。

　　王礨墓出土的镶金凤银带钩（GSH:44），通长 186 毫米，属琵琶形类，螭首钩头，身为蟠龙，龙头起

---

① 河北省文物研究所：《战国中山国灵寿城——1975—1993 年考古发掘报告》，北京：文物出版社，2005，第 257 页，图版 130.4，彩版 47.2。

于钩颈，龙眼为圆孔，原始镶嵌遗失；钩面一金凤与一兽纠缠，背面尾部竖圆柱纽（图 21）。带钩主体银质，铸造成形。虽经火焚纹饰模糊，但金质凤铸在预留凹槽内，针刻细密纹样。

图 21　铸镶金凤银带钩 GSH:44（引自《矕墓》彩版 18.2）

与之工艺一致的还有四只铸镶精华夔龙纹银泡，樟室出土三件 GSH:37.1-3 经火焚，北盗洞出的一件 BDD:40 完整，直径 53 毫米，重 86 克。圆泡形，外缘饰针刺锯齿形纹，面为两夔龙纠结，中心铸镶金柿蒂花，且花瓣上刻有细叶脉和针戳点纹（图 22）。泡背面四柱承方环，铸铭一周十二字："十三祀，私库，啬夫煮正，工孟鲜。"[①]樟室所出三件，工艺应与之相同。至于铭文是否一致，有待检验。

（a）铸镶金银泡饰 BDD:40（引自《矕墓》彩版 18.3）　　　（b）铸镶金银泡饰 BDD:4 背面（引自《矕墓》图版 107.4）

图 22　铸镶金银泡饰

清末学者王先谦（1842—1917）曾明确指出："当战国纷争之日，中山倔强其间，久而不倾，其故有可思者。"的确，战国时期诸侯兼并日益剧烈，中山国是夹在诸大国中间的一个蕞尔小国，只言片语的历史文献多是贬损之辞，唯其如此尚能存续两百来年，应当有很多值得也可以深思之处。

考古所揭示出战国中山国辉煌灿烂的物质文化和巧夺天工的技术成就，令人刮目相看，甚至匪夷所思。从金银器看，中山国不仅拥有足够多的金银材料，而且有各式各样高级工匠，他们拥有全部且高超的金银技术，制造出许许多多美轮美奂的金银器精品。但是，如果结合所出土的青铜器，即可发现很多具有侯马风格，可以和侯马晋国铸铜作坊所发现的泥模范相对应，可以确定一批青铜器铸自侯马。[②]如此，其他青铜器，尤其是青铜礼器是中山国自铸的吗？

① 河北省文物研究所：《矕墓》，北京：文物出版社，1996，第 152 页，图 56.1、170.1-2，图版 107.1-4，彩版 18.2-3。

② 苏荣誉：《小国大器：战国中山国金属技术疏要》，载成都金沙遗址博物院、河北博物院、河北省文物研究所编：《发现·中山国》，成都：巴蜀书社，2019，第 185—197 页。

同样的问题，本文所讨论的金银器都出自中山国墓葬，是中山国自己加工制作的吗？

讨论古代器物的产地非常之难，技术可以成为手段之一。[①]本文不揣浅陋，将战国中山国的金银技术做一梳理，希望有助于对先秦金银制品生产与流通的研究。

附识：盘龙城杨家山出土的嵌绿松石、金片兽面，曾在南方科技大学进行修复复原，承唐际根教授美意，和具体修复的董韦女士一道考察此器，董韦慷慨赠予笔者关于金片的大量微观照片，笔者在此对她和唐教授敬致谢忱。

---

① 苏荣誉：《论三足锯齿形铸接青铜鼎——兼论联裆鼎和侯马铸铜作坊生产诸题》，载北京大学考古文博学院编：《高明先生九秩华诞庆寿论文集》，北京：科学出版社，2016，第152—187页。

中国机械史研究七十年[①]

冯立昇

摘　要： 中国机械技术史的研究发端于 20 世纪 20—30 年代，但早期的研究工作进展比较缓慢。中华人民共和国成立之后，科学技术史在中国开始成为一项有组织的学术事业，中国机械史的研究也受到重视，得到了较快的发展。20 世纪 50—60 年代，在专题研究和复原研究取得重要进展的基础上，刘仙洲编写了中国机械史的通史性著作。但因"文化大革命"的发生，研究工作一度中断。改革开放后，中国机械史研究工作很快得到恢复并获得全面发展，不仅深化了中国古代机械史的研究，也开拓了中国近现代机械史的研究，推进了传统机械的调查研究，同时培养了一批中国机械史研究方向的研究生，研究队伍不断扩大，成立了机械史的学术团体。本文回顾了中华人民共和国成立 70 年以来中国机械史研究在中国的发展概况，并对今后的研究进行了展望。

关键词： 中国机械技术史；古代；近现代回顾

冯立昇（1962—），清华大学科学技术史暨古文献研究所教授、所长。科学技术史专业博士，博士生导师。主要从事中国科技史、科技典籍文献、传统工艺及相关领域文化遗产的研究，兼任国家非物质文化遗产保护工作专家委员会委员、中国科学院自然科学史研究所学术委员会委员、中国科学技术史学会传统工艺研究会会长、技术史专业委员会主任委员。国际科学史研究院通讯院士

引言：中国机械史研究的开端

为了回顾 70 年来中国机械史的研究，有必要对中国机械史的开端和早期研究情况做一简要介绍。

中国学者对本国机械史研究当始于 20 世纪 20—30 年代。张荫麟、刘仙洲和王振铎是这一领域早期研究的主要开拓者，他们的工作为中国机械史学科的形成奠定了基础。

张荫麟（1905—1942）早在 20 世纪 20 年代就开始了中国古代机械史的某些专题研究，如他对指南车、记里鼓车进行了考证复原研究，对其他古代机械发明也进行了文献梳理与考证研究。他虽在 1942 年英年早逝，亦未专于机械史研究，但其成果却开创了中国机械史专题研究的先河。

---

① 本文是 2019 年 8 月在内蒙古师范大学召开的第九届传统知识历史学国际研讨会（International Symposium on History of Indigenous Knowledge）的主题报告之一，现内容略有修改和扩充。

刘仙洲（1890—1975）从 20 世纪 30 年代初期开始从事机械史的研究。他不仅开展了一些专题研究工作，还致力于中国机械史的系统整理研究工作，成为这一研究领域最重要的奠基人。他于 1935 年编写的《中国机械工程史料》（约 6 万字）一书出版①，首次依据现代机械工程分类方法整理了中国古代机械工程的史料，包括绪论、普通用具、车、船、农业机械、灌溉机械、纺织机械、兵工、燃料、计时器、雕版印刷、杂项、西洋输入之机械学 13 章，分别考述了重要机械的发明人、古代机械的构造与记载，并附有许多插图，初步勾勒出了中国古代机械工程的基本轮廓。1948 年，他又发表了《续得中国机械工程史料十二则》一文②，对《中国机械工程史料》进行了必要的补充（图 1）。

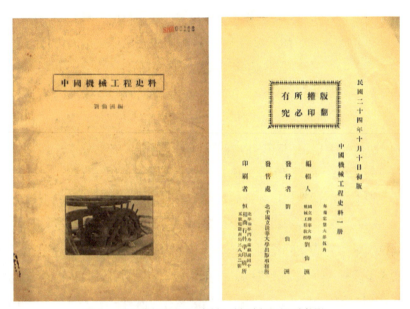

图 1　《中国机械工程史料》封面和版权页书影

王振铎（1911—1992）在 20 世纪 30 年代中后期开始从事中国古代机械史的研究，他对地动仪、指南车、记里鼓罗盘等古代机械与仪器开展了考证和复原研究，并进行了实验和模型研制工作。他在 1937 年所写的《指南车记里鼓车之考证及模制》一文中，提出研究和复原古代科技器物的三条准则，体现了历史主义的治学原则。

上述中国机械史的研究工作虽然具有开创性质，但总体上看，还比较零散，不够系统和全面，研究成果以古代机械文献资料的整理和专题性史料考证为主，进展也较缓慢。中国机械史研究作为一个研究领域的形成和学科分支的建立是在中华人民共和国成立之后。

一、20 世纪 50—60 年代中国机械史研究领域的形成

1949 年之后，科学技术史在中国开始成为有组织的科学事业，逐渐实现了建制化，促进了研究工作的发展。20 世纪 50—60 年代中国机械史研究得到了较快的推进，形成了一个独立的研究领域，并成为中国

---

① 刘仙洲：《中国机械工程史料》，北平：国立清华大学出版事务所，1935。

② 刘仙洲：《续得中国机械工程史料十二则》，《清华大学学报（自然科学版）》1948 年第 3 卷第 3 期。

科学技术史的一个重要学科分支。刘仙洲在 20 世纪 50 年代初继续致力于中国机械史的系统研究工作，推动了中国机械史学科的建立。

中华人民共和国成立后，刘仙洲先后担任过清华大学院系调整筹委会主任、第二副校长、副校长、第一副校长。1955 年被选聘为中国科学院学部委员和中国科学院中国自然科学史研究委员会委员、中国古代自然科学及技术史编辑委员会委员。

1952 年，刘仙洲向教育部提议在清华大学成立"中国各种工程发明史编纂委员会"，当年 10 月获得批准，这一机构不久改为"中国工程发明史编辑委员会"①。刘仙洲随即在清华大学图书馆组织专人开始着力搜集和整理资料，"邀请数位专门帮助搜集资料的人员，共同检阅古书。后来中国科学院又支援了一位专人，在城内的北京图书馆和科学院图书馆阅书"②。中国工程发明史编辑委员会办公地点设在图书馆，隶属学校，由刘仙洲直接领导，主要工作是进行中国工程史料的搜集、抄录和整理研究。起初的资料搜集工作主要集中在机械工程、水利工程、化学工程、建筑工程四个方面，查阅范围遍及丛书、类书、文集、笔记、小说、方志等多种古籍。他们使用统一格式印制的资料卡片抄录有关的工程技术史资料，使整理工作得到顺利推进。到 1961 年时，他们已查阅了 9000 余种古籍。

抄录的资料卡片存放在清华大学图书馆，供校内外专家学者使用和参考，对当时机械史整理研究有重要的作用。刘仙洲重视原始资料的搜集，经常光顾北京的古旧书店，搜集古籍资料。他对考古发掘成果也很关注，努力搜集与机械相关的文物资料，并得到国内一些博物馆的帮助和支持，获得不少文物照片和拓片等资料。刘仙洲依据文献史料和文物资料，开展了一系列的机械史专题研究工作。在此基础上，他完成了中国机械史研究的奠基之作——《中国机械工程发明史》（第一编）。该书的初稿完成于 1961 年 4 月，全书正文 127 页，当年 10 月由清华大学印刷厂铅印并精装发行（内封见图 2，左）。③刊印不久，他将初稿提交到中国机械工程学会 1961 年的年会上，供同行参考并征求意见。初稿修改后，于 1962 年 5 月由科学出版社正式出版，同时印刷了 16 开的精装本和平装本（图 2，右）。比较初稿和正式出版本，可以发现书的内容有所删改和补充，插图有较多调整和替换。正式本增加了结束语，讲述了刘仙洲对科学技术史与发明的一些规律性问题的认识，还讨论了社会制度对科技发展的影响。正式本的自序较初稿自序多了修改内容的说明。④

《中国机械工程发明史》（第一编）是第一部较为系统的中国古代机械史的著作，从机械原理和原动力角度梳理了中国古代机械工程技术发展的脉络。刘仙洲在该书绪论中指出："根据现有的科学技术科学知识，实事求是地，依据充分的证据，把我国历代劳动人民的发明创造分别的整理出来，有就是有，没有就是没有。早就是早，晚就是晚。主要依据过去几千年可靠的记载和最近几十年来，尤其是解放以后十多年来在考古发掘方面的成就，极客观地叙述出来。"⑤该书"中国在原动力方面的发明"一章，很快被译成英文在美国《中国工程热

---

① 刘仙洲：《中国机械工程发明史（第一编）》初稿，北京：清华大学印刷厂，1961。
② 刘仙洲：《中国机械工程发明史（第一编）》初稿，北京：清华大学印刷厂，1961。
③ 刘仙洲：《中国机械工程发明史（第一编）》初稿，北京：清华大学印刷厂，1961。
④ 刘仙洲：《中国机械工程发明史（第一编）·序》，北京：科学出版社，1962。
⑤ 刘仙洲：《中国机械工程发明史（第一编）·序》，北京：科学出版社，1962。

物理》（*Engineering Thermophysics in China*）第 1 卷第 1 期上发表。①

图 2　《中国机械工程发明史》（第一编）初稿内封与定稿版封面

　　刘仙洲在编撰《中国机械工程发明史》（第一编）过程中，还招收了中国机械史方向的研究生。②他指导研究生和中国历史博物馆研究人员一起开展了古代重要机械的复原工作，书中多幅插图都是按照他提出的方案复原的古代机械和仪器模型的照片。

　　刘仙洲自幼生活在农村，对中国传统农具和农业机械情有独钟，早在 20 世纪 20 年代他就设计过水车和玉米脱粒机。他反对盲目照搬外国的大型农业机械，主张从中国农村具体情况出发，改良传统农业机械，使其符合机械学原理，从而实现古为今用。他一直关注中国农业机械的发展，中国农业机械史自然也成为他研究的重点方向。1963 年他撰写的《中国古代农业机械发明史》问世，这是第一部较全面论述中国古代农业机械成果及其发展的著作。该书出版后，引起日本学术界的重视。著名农史专家天野元之助在《东洋学报》上发表了以《中国农具的发达——读刘仙洲〈中国古代农业机械发明史〉》为题的文章，对该书内容详加介绍和评论。③

　　上述两部著作在国内外长期被科技史和相关领域学者反复引用，成为研究中国机械史的奠基之作。在这两部书出版之前和之后的十多年里，刘仙洲先后发表了一系列专题研究论文，反映了他的研究工作不断扩大和深化的过程：

　　（1）《中国在原动力方面的发明》，《机械工程学报》1953 年第 1 卷第 1 期；

　　（2）《中国在传动机方面的发明》，《机械工程学报》1954 年第 2 卷第 1 期；

　　（3）《对于〈中国在传动机件方面的发明〉一文的修正和补充》，《机械工程学报》1954 年第 2 卷第 2 期；

　　（4）《中国在计时器方面的发明》，《天文学报》1956 年第 4 卷第 2 期；

① 董树屏、黎诣远：《刘仙洲传略》，载《刘仙洲纪念文集》编辑小组：《刘仙洲纪念文集》，北京：清华大学出版社，1990，第 215 页。
② 王旭蕴：《回忆我敬爱的导师刘仙洲》，载《刘仙洲纪念文集》编辑小组：《刘仙洲纪念文集》，北京：清华大学出版社，1990。
③ 天野元之助：《中国における農具の発達—劉仙洲〈中国古代農業機械発明史〉を読んで—》，《東洋学報》1965 年第 47 卷第 4 期。

（5）《介绍〈天工开物〉》，《新华》半月刊 1956 年第 10 期；

（6）《王徵与我国第一部机械工程学（修订版）》，《机械工程学报》1958 年第 6 卷第 3 期；

（7）《中国古代对于齿轮系的高度应用》（与王旭蕴合作），《清华大学学报》1959 年第 6 卷第 4 期；

（8）《中国古代在简单机械和弹力、惯力、重力的利用以及用滚动摩擦代替滑动摩擦等方面的发明》，《清华大学学报》1960 年第 7 卷第 2 期；

（9）《中国古代在农业机械方面的发明》，《农业机械学报》1962 年第 5 卷第 1、2 期连载；

（10）《我国独轮车的创始时期应上推到西汉晚年》，《文物》1964 年第 6 期；

（11）《关于我国古代农业机械发明史的几项新资料》，《农业机械学报》1964 年第 7 卷第 3 期。

这些专题研究成果，在学术界产生了较大影响。如《中国在计时器方面的发明》一文，1956 年 9 月 5 日刘仙洲在意大利召开的第八届国际科学史会议上宣读了此文（图 3）。他在文中提出，东汉张衡的水力天文仪器中，已采用水力驱动和齿轮系，并对苏颂水运仪象台的机构进行了研究。刘仙洲的报告恰好被排在英国的李约瑟之后，李约瑟的论文题目是《中国天文钟》。对苏颂水运仪象台某些机构的解释、看法，两篇论文有些不同，刘仙洲认为李约瑟的某些推断有些不正确的地方，并向他指出。李约瑟"很诚恳地承认，并声明要更正原稿"[①]。他接受了刘仙洲认为"天条"是链条的观点。李约瑟、王铃和普拉斯在 1960 年编写的英文专著《天文时钟机构——中世纪中国的伟大天文钟》引用了刘仙洲上述关于古代计时器、原动力和传动机件的三篇文章。[②]此后刘仙洲进一步对张衡的水力浑象进行了复原研究，在《中国古代对于齿轮系的高度应用》中提出了张衡浑象的齿轮和凸轮传动机构复原模型。

图 3 参加第八届国际科学史会议的部分中外学者合影（左二为刘仙洲，左三为李约瑟）

① 刘仙洲：《意大利之行记——参加第八届国际科学史会议经过》，《高等教育》1957 年第 8 期。

② Needham J, Wang L, Price D J. Heavenly. *Clockwork: The Great Astronomical Clocks of Medieval China*. Cambridge: Cambridge University Press, 1960.

　　复原研究一直是古代机械史的重要研究方向，王振铎先在这方面做出了独特贡献。他在 20 世纪 50—60 年代负责全国博物馆的筹建和陈列设计，持续开展古代机械的复原研究，其中一项重要成果是成功复原了水运仪象台实物模型，成为复原水运仪象台的第一人。水运仪象台是北宋苏颂和韩公廉于 1092 年主持研制的一座大型天文与计时装置。它集计时报时、天象演示和天文观测功能于一身，综合运用了水轮、通车、漏壶、秤漏、连杆、齿轮传动、链传动、凸轮传动等多种技术与方法，采用水轮—秤漏—杆系擒纵机构控制水轮运转并实现其使用功能，是当时世界领先水平的大型综合机械。1956 年，国务院科学规划委员会与中国科学院召开研讨会，提出复原北宋的水运仪象台的建议。1957 年 1 月，中国科学院与文化部文物局指定王振铎主持复原工作。王振铎在对《新仪象法要》内容进行校勘和研究的基础上，依据原文和绘图及图说进行复原的设计，再结合机械传动原理和仪象台功能要求进行推算，细致地复原了动力装置、传动机构及各种零部件和浑仪、浑象的构造与尺寸，精心绘制了全套图纸，最终于 1958 年春完成了 1∶5 的实物模型的制作。[1]该实物模型被长期用于中国历史博物馆新馆中国通史陈列展中。复原装置展出后，引起国内外学术界和广大观众的长久关注，对当时和之后国内外的复原研究和研制工作都产生了重要影响。为了丰富中国通史陈列展的内容，王振铎先生在清华大学、故宫博物院、中央自然博物馆、中国科学院自然科学史研究所等单位的支持和协作下，复原研制了水运仪象台、候风地动仪、指南车、记里鼓车、水排等一系列古代机械，据不完全统计达 76 件之多。[2]王振铎的复原工作不仅丰富了中国国家博物馆的陈列内容，对中国古代机械史的研究也起到了促进作用（图 4）。

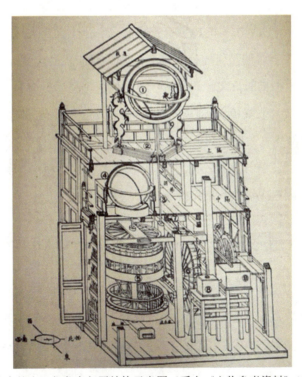

图 4　王振铎先生的水运仪象台复原结构示意图（采自《文物参考资料》1958 年第 9 期）

---

①　王振铎：《揭开了我国"天文钟"的秘密——宋代水运仪象台复原工作介绍》，《文物参考资料》1958 年第 9 期。
②　华觉明、何绍庚、林文照：《科技考古的开拓者王振铎先生》，《自然科学史研究》2017 年第 36 卷第 2 期。

王振铎从 1956 年起兼任中国科学院自然科学史研究所的研究员，参与中国机械史的研究和相关人才培养工作，在 20 世纪 50—60 年代先后培养了周世德、华觉明两位与机械史领域相关的研究生。周世德后来成为著名的中国造船史专家，而华觉明后来则成为著名的冶铸史专家和中国传统工艺学科的主要奠基人和开拓者。

20 世纪 50—60 年代，古代冶金机械设备，特别是鼓风装置是当时引人关注的研究课题。《文物》杂志先后发表了王振铎、李崇洲、杨宽等人的多篇研究论文，其中对"水排"的复原讨论还产生了争鸣。

这时期一些年轻学者的相关研究也引起了学界关注，他们的工作涉及中国古代机械的制造工艺问题。如 1956 年华觉明在清华大学读书期间就开始了冶铸史的研究，他在夏鼐、刘仙洲两位前辈学者的帮助下开展了相关工作。1958 年华觉明发表了《中国古代铸造方法的若干资料和问题》一文[1]，这是最早研究古代机械工艺问题的专题论文之一。之后他又撰写了《中国古代铸造技术的发展》一文[2]，并发表在《中国机械工程学会第一届全国铸造年会论文选集》上。他还与年轻学者杨根、刘恩珠一起检测了一批战国、两汉铁器，撰写了《战国两汉铁器金相学考察的初步报告》，于 1960 年初发表在《考古学报》上。[3]周世德于 1963 年发表的《中国沙船考略》一文，是最早专门研究沙船的开拓性成果。[4]

正当中国机械史的研究被引向深入之时，1966 年"文化大革命"开始，机械史的研究工作被迫中断。王振铎在"文化大革命"期间曾作为"资产阶级反动学术权威"遭到批判和被派遣到五七干校劳动，20 世纪 70 年代才回到博物馆工作。清华大学的机械史整理研究工作也因"文化大革命"被迫停止。一段时期之后，中国工程发明史编辑委员会的工作才得到部分恢复。刘仙洲也重新开始了机械史研究工作。"文化大革命"后期他发表了两篇机械史的论文，其中后一篇是他根据新的资料对之前关于古代计时器研究论文的修订稿：①《我国古代慢炮、地雷和水雷自动发火装置的发明》，《文物》1973 年第 11 期；②《我国古代在计时器方面的发明》，《清华北大理工学报》1975 年第 2 卷第 2 期。1970 年，在刘仙洲 80 岁生日那天，他工工整整地写下《我今后的工作计划》，并拟出《中国机械工程发明史》第二编共十章的写作提纲。此后文献资料逐渐齐备，可惜因客观情况和疾病缠身，未能如愿完成。

二、改革开放后中国机械史研究的推进和学科的建制化

1975 年，刘仙洲先生去世，设在清华大学的"中国工程发明史编辑委员会"被撤销，相关工作又陷入停顿状态。但多年来搜集的数万条珍贵史料保留了下来，它们是研究者开展相关学术研究的重要资料，具有很高的史料价值。因此，"文化大革命"之后学校开始考虑恢复开展资料整理与研究工作。改革开放之

① 华觉明：《中国古代铸造方法的若干资料和问题》，《铸工》1958 年第 6 期。
② 华觉明：《中国古代铸造技术的发展》，载中国机械工程铸造学会编：《中国机械工程学会第一届全国铸造年会论文选集》，北京：中国工业出版社，1965。
③ 华觉明、杨根、刘恩珠：《战国两汉铁器金相学考察的初步报告》，《考古学报》1960 年第 1 期。
④ 周世德：《中国沙船考略》，《科学史集刊》1963 年第 6 期。

后的 1980 年，经校长工作会议批准，在清华图书馆成立了科技史研究组，继续从事中国工程发明史料的整理和研究工作，对已搜集的资料进行增删，按专题编辑《中国科技史料选编》多个分册，中国古代机械史料的整理是首选内容之一。1982 年科技史研究组所编《中国科技史料选编·农业机械》由清华大学出版社出版，在学术界产生了较大的影响。

与此同时，机械史的研究工作在其他一些高校和研究机构也开展起来。中国科学院自然科学史研究所、同济大学、北京航空航天大学、西北农业大学、中国科技大学和内蒙古师范大学等单位也在 20 世纪 80—90 年代都积极推动中国机械史的研究工作，并通过招收机械史方向的研究生，努力培养新一代的专业研究人员。有的大专院校开设了机械史的选修课，取得了良好的效果。

进入 20 世纪 80 年代，机械史的研究有了新的进展，研究内容涉及新史料、新问题和新方向。如同济大学陆敬严先生在 1981 年发表了他的第一篇题为《中国古代的摩擦学成就》机械史论文[①]，首次对古代文献中的摩擦学知识及其应用进行了整理和分析，具有填补空缺的性质。中国近现代机械史的研究也开始受到关注，王锦光、闻人军探讨了中国近代蒸汽机和火轮船的研制问题[②]，陈祖维考察了欧洲机械钟的传入和中国近代钟表业的发展过程[③]，钟少华撰文概述了中国近代机械工程的发展历程[④]。农业机械史在 20 世纪 80 年代成为非常活跃的研究方向，《农业考古》《中国农史》《古今农业》等学术刊物上有与其相关的大量论文，内容涉及古代农业机械和传统农具的不同方面。限于篇幅，这里不做一一介绍。中国科学院自然科学史研究所和北京科技大学等单位对中国古代金属制造工艺开展过研究，并发表有专题研究论文。如 1986 年文物出版社出版了华觉明主撰的《中国冶铸史论集》，收集论文 23 篇，包括钢铁冶炼和加工工艺、青铜冶铸技术、编钟设计制作及机理研究、失蜡法、叠铸、金属型等 6 个方面。其中 7 篇由华先生自撰，其余是他和合作者共同撰写的，这些绝大部分论文是改革开放后发表的，不少论文是中国古代铸造技术和金属工艺方面的重要研究成果。

20 世纪 80 年代在复原研究方面也有重要进展。同济大学中国机械史课题组在陆敬严主持下，先后复原、复制了古代兵器和立轴式风车等古代机械多种，分别陈列于军事博物馆和中国科技馆。王振铎于 1984 年发表了《燕肃指南车造法补正》一文，根据新的认识，对先前关于燕肃指南车模型进行了几项修正，该文收入他于 1989 年编撰的论文集《科技考古论丛》中。该书集结了王振铎有关古代机械模型复原和科技考古研究论文 14 篇，全书共约 48 万字，包含了他关于机械复原研究的最重要的成果，水运仪象台复原的总结性论文《宋代水运仪象台的复原》（带有成套图纸）也收入其中。[⑤]苏颂的故乡福建厦门同安的有关部

---

① 陆敬严：《中国古代的摩擦学成就》，《机械工程》1986 年第 1 期。

② 王锦光、闻人军：《中国早期蒸汽机和火轮船的研制》，《中国科技史料》1981 年第 2 期。

③ 陈祖维：《欧洲机械钟的传入和中国近代钟表业的发展》，《中国科技史料》1984 年第 5 卷第 1 期。

④ 钟少华：《中国近代机械工程发展史要》（一），《机械工程》1986 年第 6 期；《中国近代机械工程发展史要》（二），《机械工程》1987 年第 1 期。

⑤ 王振铎：《科技考古论丛》，北京：文物出版社，1989。

门对水运仪象台的复原研制较早给予了关注。1988 年同安县科学技术委员会委托陈延杭和陈晓制作水运仪象台模型。他们以《新仪象法要》以及刘仙洲、李约瑟和王振铎等人的研究工作为基础，并且采用转动式"受水壶"的设计方案，在 1988 年 11 月制成 1∶8 的水运仪象台模型（陈列在苏颂科技馆）。

综合性的整理研究及教学工作也开始受到重视。陆敬严与郭可谦在 1984 年探讨了中国机械史的分期问题，将古代机械和近现代机械的历史发展统一进行了考察。①冯立昇对机械史分期依据做了进一步的探讨并给出了不同的分期方案。②郭可谦还关注了机械史的教学问题，提出在工科高校开设中国机械史选修课的建议。③郭可谦和陆敬严除了在所在大学开设中国机械史课程外，还为机械工程师进修大学开设了中国机械史讲座课程。为满足教学的需要，他们从 1984 年开始编写教材，1986 年机械工程师进修大学刊行了郭可谦、陆敬严合著的《中国机械史讲座》（17 万余字），在 1987 年改名《中国机械发展史》出版。该书是教材，因而篇幅不大，但考虑到《中国机械工程发明史》只出版了第一编，还不是一部系统完整的通史性著作，《中国机械史讲座》的刊行仍具有较重要的意义。该书共 9 讲，前 6 讲为绪论、总述、中国古代机械材料、中国古代机械动力、简单工具时期的中国机械、古代时期的中国机械，主要由陆敬严执笔；后 3 讲为近代时期的中国机械、现代时期的中国机械和结束语。该书内容扩展到了近代和现代，对中国机械史的整体发展进行了初步的梳理。但由于学术研究的积累还不够，该书印制也较粗糙，影响和传播都受到了限制。稍早一点，台湾学者已开始编撰中国机械史的著作，台湾"中央"文物供应社在 1983 年出版了交通大学万迪棣先生编撰的《中国机械科技之发展》一书。该书被收入"中华文化丛书"中，是一部纲要性的简史，分类叙述了古代机械技术成就。作者在序中指出："本书采用分类方式撰写，因为我国以农立国，农业机械使用甚多，因此以农业机械为首，其次以运输机械、纺织机械等逐次叙述。"该书没列参考文献，但从内容看，参考了英国学者李约瑟的中国机械史著作。④

李约瑟编著的《中国科学技术史》的机械工程卷（*Science and Civilization in China*, Volume 4, Physics and Physical Technology, Part 2, Mechanical Engineering）由剑桥大学出版社于 1965 年出版，它是第一部英文的中国机械史的学术专著，在国际上有很大的影响。李约瑟编撰此书时利用了大量的中国机械史的原始资料和研究成果，同时参考了许多世界机械史的文献和研究成果，从比较科学史的视角对中国古代机械技术的发展进行了较深入的研究。中国台湾学者早在 1977 年将此书翻译成中文，分上、下两册出版。⑤中国大陆学者也在 20 世纪 70 年代开始翻译工作，但因主译者去世和大量的校订工作（张柏春在 20 世纪 80—90 年代参加了校订工作），直到 1999 年该书才正式出版。⑥

---

① 陆敬严、郭可谦：《关于中国机械史分期的意见》，《机械设计》1984 年第 2 期。
② 冯立昇：《中国机械史的分期问题》，《科学、技术与辩证法》1986 年第 3 期。
③ 郭可谦：《开设中国机械史选修课的建议》，《教育论丛》1991 年第 1 期。
④ 万迪棣：《中国机械科技之发展》，台北："中央"文物供应社。
⑤ 〔英〕李约瑟：《中国之科学与文明》，第 8 册，第 9 册，陈立夫主译，钱昌祚、石家龙、华文广译，台北：商务印书馆，1977。
⑥ 〔英〕李约瑟等：《中国科学技术史》，第四卷，第二分册，《机械工程》，鲍国宝等译，北京：科学出版社，1999。

机械史学科的学科建设与建制化在 20 世纪 80 年代有明显的推进。北京航空航天大学机电工程系成立了机械史研究课题组，并在全校开设了"中国机械史"选修课。从 20 世纪 80 年代中期开始，机电工程系招收了机械史方向硕士研究生，由郭可谦教授、陆震教授先后担任导师。陆敬严在这一时期，也在同济大学机械系招收了中国机械史方向硕士研究生。中国科学院自然科学史研究所的工艺组在 1985 年扩大为技术史研究室，该研究室人数最多时有十几名研究人员。其中包括冶铸史、机械史、造船史、传统工艺、科技考古、纺织史和技术史综合研究等方向。该研究室也从 20 世纪 80 年代中期开始招收中国机械史方向的研究生，由华觉明、周世德和陆敬严研究员担任导师。20 世纪 80 年代中后期，更多的高校和研究机构与企事业单位的学者及工程师陆续加入中国机械史的研究队伍。这样，机械史研究的全国性学术团体的建立也被提上了日程。1988 年 9 月，许绍高、华觉明、郭可谦、陆敬严等人发起筹备中国机械史学会，第一次筹备委员会工作会议在北京召开，第二年 10 月召开了筹委会第二次工作会议。

进入 20 世纪 90 年代，全国性学术团体建立并推动了学术交流工作的开展。1990 年 2 月 5—9 日，中国机械工程学会机械史学会成立大会暨第一届全国学术讨论会在北京举行，出席会议的代表有 78 人。机械电子工业部副部长陆燕荪和中国科学院学部委员（院士）陶亨咸、雷天觉、柯俊出席会议。会议选举了理事会，李永新任理事长，华觉明、郭可谦和侯镇冰任副理事长，郭可谦兼秘书长。1991 年，中国科学院院士雷天觉出任理事长，学会改名为中国机械工程学会机械史分会，会员最多时达到 200 余人。20 世纪 90 年代共举办了三次全国性学术讨论会，推动了全国的机械史研究与交流。此外，湖南、江苏两省机械工程学会分别于 1991 年和 1992 年成立了省机械工程学会机械史专业学会。20 世纪 90 年代中期，机械分会及其挂靠单位北京航空航天大学，还与日本机械学会技术与社会分会、日本技术史教育协会开展合作交流工作，于 1998 年 10 月在北京组织召开了第一届中日机械技术史国际学术会议。会议交流论文 110 余篇，80 余名中国作者提交了 79 篇论文，实际参会 40 余人，35 名日本学者提交了 33 篇论文，内容涉及综合、古代、近现代中外机械史方面的内容，会议论文集 *History of Mechanical Technology* 在会议召开时已由北京机械工业出版社出版发行。该系列会议举办了多次，到 2008 年已召开了八届国际学术会议。

清华大学的机械史学科建设也有新的进展，1993 年经校务委员会批准，在图书馆科技史研究组的基础上成立了清华大学科学技术史暨古文献研究所，聘请华觉明先生担任研究所所长。此前科技史研究组向学校申请的"中国古代机械工程发明史研究"课题获准立项，目标是完成刘仙洲先生未竟的事业，编写《中国机械工程发明史》第二编和《中国古代农业机械发明史》补编。清华大学科学技术史暨古文献研究所的建立，为进一步开展相关工作提供了保障。

20 世纪 90 年代的机械史研究，首先是拓展了中国近代、现代机械史的研究方向。1992 年，张柏春撰写的《中国近代机械简史》（图 5）正式出版[①]，全书 20 万字，这是第一部研究近代机械工业与技术史的专

---

① 张柏春：《中国近代机械简史》，北京：北京理工大学出版社，1992。

著。该书从机械工业、机械设计制造技术、机械工程研究与机械工程教育四个方面，系统梳理了1840—1949年中国机械工程技术发展的历史脉络。1993年，邱梅贞主编的《中国农业机械技术发展史》（图6）由机械工业出版社出版[①]，该书全面论述了1949—1991年中国农业机械技术的发展历史。全书48万余字，共27章，概述了各类农机具及其技术的发展及其特点，论述了典型农机具技术发展过程、机具结构及特点等，最后介绍了中国农业机械学会的简史。

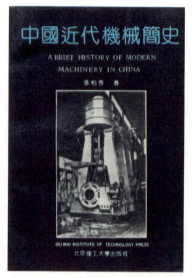

图5　《中国近代机械简史》书影　　　　　　　图6　《中国农业机械技术发展史》书影

　　对古代机械史及古代金属技术史的研究也有明显进展。1998年清华大学出版社出版了张春辉编著的《中国古代农业机械发明史》（补编），该书与刘仙洲先生的《中国古代农业机械发明史》一脉相承，在学术上又有新的发展。一是补充了自20世纪60—90年代近30年的考古材料；二是吸收了中国农业机械史研究的最新成果。在古代金属技术史研究方面先后出版了两部高水平的著作，1995年山东科技出版社出版了苏荣誉等编撰的《中国上古金属技术》，1999年大象出版社出版了华觉明撰写的《中国古代金属技术》。

　　水运仪象台的复原在20世纪90年代有了新的进展，首先介绍海外在原大尺寸模型的复原上取得的突破。20世纪90年代，日本开始了复原研究工作，精工舍株式会社的工程师土屋荣夫1993年发表《水运仪象台的复原》一文，在参考李约瑟和王振铎等人的研究基础上，提出了原大水运仪象台的方案。精工舍株式会社经过四年时间的努力，前后投入4亿日元经费，于1997年研制出1∶1比例的水运仪象台，在长野县诹访湖"仪象堂"时间科学馆向公众长期展出。其次在中国国内，1993年8月，台湾台中自然博物馆首次按照1∶1比例完成了水运仪象台的复原研制，研究团体在研制过程中曾专门考察了大陆以往的复原成

---

①　邱梅贞主编：《中国农业机械技术发展史》，北京：机械工业出版社，1993。

果。大陆的古代机械复原工作也取得了进展，如陆敬严研究团队在 20 世纪 90 年代又复制了多种古代机械，至 1998 年 4 月召开"中国古代机械复原"成果鉴定时，复原的古代机械模型多达 92 种 100 多件。清华大学科学技术史暨古文献研究所张春辉和戴吾三在 1997 年承担了中国国家博物馆复原唐代江东犁的委托项目，考证了记载江东犁的古文献《耒耜经》的 18 个版本，在此基础上按照 1∶1 复原了江东犁。

与水运仪象台的复原相关联，《新仪象法要》的研究和校注受到学界的重视。管成学与杨荣垓于 1991 年编写了《〈新仪象法要〉校注》，这是《新仪象法要》的第一个标点注释本。[①]1997 年，胡维佳译注的《新仪象法要》出版刊行。[②]陆敬严早在 20 世纪 80 年代就着手《新仪象法要》的译注工作，但因病推迟完稿，到 2007 年才由上海古籍出版社出版了他与合作者完成的《新仪象法要译注》。[③]李志超撰写《水运仪象志》一书，考察古代的水运仪象的历史，对水运仪象台进行了科学分析，于 1997 年由中国科学技术大学出版社出版。该书附录部分包括《新仪象法要》全文的译解。[④]而 1997 年东京新曜社也出版了山田庆儿和土屋荣夫合著的《复原水运仪象台：十一世纪中国的天文观测计时塔》[⑤]，对日本的复原研究进行详细解说。该书的作者中一位是著名科技史专家，另一位是日本复原工作的主持者，他们对一些关键部件的解读有独到之处。该书的第二部分是山田庆儿和内田文夫所做的《新仪象法要》全文的日文译注本。1998 年清华大学科学技术史暨古文献研究所也成立了水运仪象台课题研究组，并于 1999 年申请到国家自然科学基金项目。该课题由高瑄主持，研究人员分为历史文献研究、工作原理分析和计算机仿真实验三个小组，对《新仪象法要》的版本和内容进行了全面研究，并依据文献内容利用计算机仿真技术对水运仪象台进行了复原研究。

20 世纪 90 年代中后期至 21 世纪初期，基础性综合研究得到了推进。20 世纪 90 年代初期中国科学院开始组织编写的大型丛书《中国科学技术史》，委托陆敬严、华觉明主编《中国科学技术史》机械卷（图 7），钱小康、张柏春、何堂坤、杨青、赵丰、黄麟雏、刘克明和冯立昇等多位学者参加编写工作，全部书稿于 1997 年完成。经较长时间的审稿和统稿，此书于 2000 年由科学出版社出版，全书约 70 万字，与前面几部通史性中国机械史著作有所不同，它突破了简史的范畴，是一部较大型的中国机械工程学术著作。此书对中国机械工程的历史发展做了比较系统的论述和讨论，对已有的研究成果进行了一次较全面的总结。稍后，由李健和黄开亮主编的《中国机械工业技术发展史》（图 8）于 2001 年由机械工业出版社出版，该书包括导论、制造技术、产品技术和科教事业四个部分，其中导论部分包括中国机械工业从古至今的简史和机械工业技术政策的概述。这是中国机械工业行业技术史的一部著作，全书 260 万字，对 1949—2000 年中国

① 管成学、杨荣垓点校：《〈新仪象法要〉校注》，长春：吉林文史出版社，1991。
② 胡维佳译注：《新仪象法要》，沈阳：辽宁教育出版社，1997。
③ 陆敬严、钱学英译注：《新仪象法要译注》，上海：上海古籍出版社，2007。
④ 李志超：《水运仪象志——中国古代天文钟的历史（附《新仪象法要》译解）》，合肥：中国科学技术大学出版社，1997。
⑤ 山田慶兒、土屋榮夫：《復元水運儀象台：十一世紀中国の天文観測時計塔》，東京：新曜社，1997。

机械工业技术的发展做了比较全面的论述和总结。

　　《中国机械工程发明史》（第二编）的编写也是一项综合性研究工作，但推进比较缓慢。因课题组成员不断变动，开始时工作时断时续，进展不太顺利。多年后才陆续确定撰稿人和编撰方案，最终从刘仙洲先生生前所研究计划的十章目录中选取七章开始撰写工作。该书 2004 年由清华大学出版社出版。这部书的出版，完成了刘仙洲先生未竟的工作。

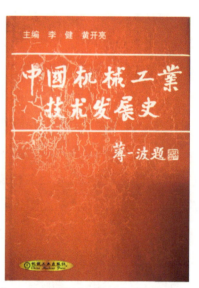

图 7　《中国科学技术史·机械卷》书影　　　　　图 8　《中国机械工业技术发展史》书影

　　进入 21 世纪以来，中国机械史的研究不断得到深化和拓展，著述数量明显增多，限于篇幅，下面仅选一些重要方面加以介绍。

　　首先，在传统机械的调查与制造工艺研究方面取得了重要进展。这方面的调查研究以往虽然较多，但从技术史的视角开展的专题调查研究还不多见，系统性的总结工作更为少见。从 20 世纪 90 年代开始，张柏春、张治中、冯立昇、钱小康等和李秀辉等人有计划地开展了传统机械的田野调查工作，其总结性成果是 2006 年出版的《传统机械调查研究》（图 9）一书。[1]此后，相关工作又延伸到了传统机械制作工艺及相关非物质文化的保护方面，其代表性成果之一是 2016 年出版的《中国手工艺·工具器械》（图 10）。[2]此外，清华大学科学技术史暨古文献研究所师生（戴吾三主持）还翻译了 Hommel R. P. 的《手艺中国：中国手工业调查图录》（*China at Work：An Illustrated Record of the Primitive Industries of China's Masses，Whose Life is Toil，and Thus an Account of Chinese Civilisation*）一书，2011 年由北京理工大学出版社出版。[3]这些工作对传统技艺类非物质文化遗产的保护起到了一定的促进作用。

---

① 张柏春、张治中、冯立昇等：《中国传统工艺全集·传统机械调查研究》，郑州：大象出版社，2006。

② 冯立昇、关晓武、张治中：《中国手工艺·工具器械》，郑州：大象出版社，2016。

③ Hommel R. P：《手艺中国：中国手工业调查图录》，戴吾三等译，北京：北京理工大学出版社，2011。

图 9　《传统机械调查研究》书影　　　　　　　图 10　《中国手工艺·工具器械》书影

其次，由中国机械工程学会组织全国机械行业和学界众多学者编写了一套集成性和总结性的大型著作——《中国机械史》。《中国机械史》全书约 800 万字，分卷由中国科学技术出版社陆续出版。四个分卷包括《中国机械史·图志卷》（2011）、《中国机械史·技术卷》（2014）、《中国机械史·行业卷》（全三册，2015）和《中国机械史·通史卷》（全二册，2015）。该书展现了中国古代、近代和现代机械技术与行业的发展全貌。其中《中国机械史·通史卷》165 万字，由机械史专家和机械行业专家共同完成，对以往相关研究成果进行了系统的总结、梳理和深化，翔实地记述了中国机械科技从远古到现代的整个发展历程（图 11）。

图 11　《中国机械史·通史卷》书影

中国机械史研究 21 世纪不断深化，这在一些精细的专题研究成果中体现得尤为明显。不仅发表论文的数量大为增加，质量也得到提升，而且随着国际交流的日益频繁，英文论文的数量明显增加。以 2008

年召开的第三届国际机器与机构史学术研讨会（The 3rd International Symposium on History of Machines and Mechanisms）为例，中国学者在会议上报告的中国机械史论文，超过了 1/3。会后由斯普林格（Springer）出版社出版的会议论文集共收入 26 篇英文论文，中国学者写的中国机械史的论文就多达 9 篇。[①]由于近十几年来发表的论文数量很多，这里无法做具体的评介。下面列出 2000 年以来出版的有代表性的专题研究著作。

（1）张柏春的《明清测天仪器之欧化——十七、十八世纪传入中国的天文仪器技术及其历史地位》，辽宁教育出版社，2000。

（2）刘克明的《中国技术思想研究——古代机械设计与方法》，巴蜀书社，2004。

（3）张治中：《中国铁路机车史（上、下）》，山东教育出版社，2007。

（4）Yan Hong-Sen. Reconstruction Designs of Lost Ancient Chinese Machinery, Springer, 2007.

（5）张柏春、田淼、马深孟等：《传播与会通——〈奇器图说〉研究与校注》，江苏科学技术出版社，2008。

（6）王守泰、陆景云、顾毓琇等口述，恽震自述，张柏春访问整理：《民国时期机电技术》，湖南科学技术出版社，2009。

（7）何堂坤：《中国古代金属冶炼和加工工程技术史》，山西教育出版社，2009。

（8）孙烈：《制造一台大机器——20 世纪 50—60 年代中国万吨水压机的创新之路》，山东教育出版社，2012。

（9）关晓武：《探源溯流——青铜编钟谱写的历史》，大象出版社，2013。

（10）孙烈：《德国克虏伯与晚清火炮——贸易与仿制模式下的技术转移》，山东教育出版社，2014。

（11）Hsiao Kuo-Hung, Yan Hong-Sen. Mechanisms in Ancient Chinese Books with Illustrations, Springer, 2014.

（12）颜鸿森：《古中国失传机械的复原设计》，萧国鸿、张柏春译，大象出版社，2016。

（13）萧国鸿、颜鸿森：《古中国书籍插图之机构》，萧国鸿、张柏春译，大象出版社，2016。

（14）管成学、孙德华：《世界钟表始祖苏颂与水运仪象台研究》，吉林文史出版社，2017。

（15）黄兴：《中国古代指南针实证研究》，山东教育出版社，2018。

上述著作反映中国机械史专题研究的一些重要进展，其中不少是在博士论文的修改稿或博士后出站报告。近十多年来，在中国科学院自然科学史研究所、北京航空航天大学、清华大学、中国科技大学、台湾成功大学和南台科技大学等单位培养了一大批中国机械史方向的硕士、博士研究生及博士后，他们成为研究队伍中的有生力量，对研究工作的持续推进起到了重要作用。目前已形成多个中国机械史的研究中心。

[①] Hong-Sen Yan and M. Ceccarelli. *Proceedings of the International Symposium on History of Machines and Mechanisms*, 2008, Springer, 2008.

著作列表中的两部英文著作是中国台湾成功大学颜鸿森教授及其弟子萧国鸿副研究员合作完成的古代机械复原研究与设计专著，萧国鸿和张柏春翻译的两书中译本同时由大象出版社出版。成功大学在机械的复原研究方面成果丰硕，工作积累已有多年。如早在 2001 年 12 月，颜鸿森的另一位弟子林聪益完成了博士论文《古中国擒纵调速器之系统化复原设计》[①]，系统地分析了水运仪象台"枢轮""天衡"等组成的擒纵机构，并且进行复原优化设计。最后列出的两部著作也均与复原研究有关，说明古代机械的复原目前仍然是重要的研究课题。在大陆，水运仪象台的复原一直也没有停止。如苏州天文计时仪器研究所陈凯歌团队 2000 年为中国科学技术馆制作出 1∶5 的复原模型。苏州育龙科教设备有限公司在 2007 年制成了 1∶4 水运仪象台模型，2008 年 11 月为中国科学技术馆新馆制成 1∶2 模型，到 2011 年 3 月为厦门同安区苏颂纪念园建造出了 1∶1 水运仪象台。2017 年又为开封博物馆（新馆）制成 1∶1 水运仪象台。[②]除此之外，出土文物中的重要古代机械的复原研究尤为引人关注，如 2012 年成都老官山汉墓出土了一批织机模型，国家文物局"指南针计划"很快对织机的复原研究立项支持。"汉代提花技术复原研究与展示——以成都老官山汉墓出土织机为例"课题由中国丝绸博物馆主持，成都博物馆、中国科学院自然科学史研究所等单位参与，于 2017 年完成结项。该课题以老官山汉墓出土的四台织机模型为研究对象，对其进行了整理和测绘，分析了汉代提花织机类型与提花原理，制订了切合历史的复原方案，成功复原了两套可操作的提花织机及蜀锦复制品，研制了提花织机模型、相关纺织工具及木俑等，并系统诠释了出土织机模型的工作原理与织造技术，复原成果在学界和社会产生了重要影响。

三、总结与展望

中国机械史的研究始于 20 世纪 20—30 年代，但早期的工作进展比较缓慢。中华人民共和国成立后，中国机械史的研究才成为一项有组织的学术事业，相关研究也受到重视，得到了较快的发展。在 20 世纪 50—60 年代，中国机械史成为一个专门的研究领域，初步建立了中国机械史学科。"文化大革命"时虽经历了曲折，但改革开放后，研究工作迅速得到恢复并获得全面发展，在深化了中国古代机械史研究的同时，也开拓了中国近现代机械史的研究，推进了传统机械的调查研究。此外，还培养一批中国机械史研究方向的研究生，研究队伍不断扩大，成立了机械史的学术团体，开展了广泛、深入的学术交流。虽然目前取得了丰硕的研究成果，但也存在不足和问题。

古代机械史的研究虽然比较充分，但多集中于文献梳理、考证研究和古代机械的机械结构的分析与复原方面，对于认知中国古代机械及其技术传统很重要的模拟实验研究重视不够。一些机械发明和制造工艺属于悬谜，有关解释争议颇多，也需要通过模拟实验和实证研究得出更令人信服的结论。对古代机械发展

---

① 林聪益：《古中国擒纵调速器之系统化复原设计》，台南：台湾成功大学机械工程系，2001。
② 张柏春、张久春：《水运仪象台复原之路：一项技术发明的辨识》，《自然辩证法通讯》2019 年第 41 卷第 4 期。

与中国社会政治、经济特别是文化的关系目前研究较少，古代中外机械技术的交流与比较也是研究的薄弱环节，这些方面的工作今后还有待加强。

与古代机械史紧密关联的现存传统机械及其制作工艺的田野调查，近年来已受到关注和重视，但实际投入仍显不足，需要更多的人开展相关工作。随着政府和社会各界对非物质文化遗产工作的重视和保护措施的落实，传统机械工艺技术消失的状况有望得到缓解，但机械史学者更有责任开展深入的调查研究，发挥独特的作用。

近年来，对中国近现代机械发展脉络的梳理和机械工业行业史的研究取得了显著进展，但薄弱环节仍很多。如基本的原始文献与档案资料的梳理还不够；近现机械史料丰富，但却非常分散，需要下功夫开展深入调查研究和系统整理工作。对近现代机械工业技术遗产的调查研究也比较滞后，工业遗产是近现代技术的主要研究对象，但目前的调查、记录和保护工作还很不到位，今后需要加大工作的力度。此外，口述史工作对于现代机械史非常重要，可以弥补文献与档案资料的不足。因机械工程事业的参与者和当事人年事已高者很多，目前亟待开展口述资料抢救工作。

在全球化的时代背景下，需要将中国机械史置于全球史和世界科技史的视野中开展研究。中外机械交流史、机械技术转移史和比较研究有望成为今后的重点研究方向。我们还需要引进新的方法和新的思路，对史料的挖掘也应向多维度、多方向拓展。适当引入如人类学、民族学、民俗学和社会学等方法，对于丰富机械史的研究有重要的作用。只有把新史料和新方法、新思路结合起来，才能更好地推进机械史学科的发展。

古代织锦技艺的探索

钱小萍

摘　要：为挖掘、抢救和保护行将失传的中国古代丝绸优秀技艺，笔者结合先后复制的一批先秦、两汉、隋唐、宋、元、明、清等各朝代有代表性的丝绸文物精品和不同装造的古代织机的实际经验，略举数例对古代织锦技艺加以论述，如经锦、纬锦、宋锦的艺术之美、结构之巧妙、工艺之精湛，值得挖掘、总结、传承和弘扬。

关键词：文物复制；织锦技艺；理论研究

一、揭开古代织物组织的奥秘

无论产品设计还是文物复制，首先要将该产品采用什么材料、什么组织结构弄清楚，再考虑用什么工艺技术将它做出来，这是一个系统工程。以下简述之。

（一）经锦的复制

1. 文物的测试

经锦这个名词在现代纺织学和纹织学中是没有的，尽管有关历史文献中也有提及，但未详细记述它是什么样的结构和制作工艺。笔者接触到经锦是在 1988 年 11 月，苏州丝绸博物馆和中国历史博物馆组织笔者等一行五人赴湖北荆州博物馆，对两千年前战国时期的文物加以测试，如图 1 所示。

钱小萍（1939—），高级工程师，苏州丝绸博物馆的创办人，中国宋锦复原的非物质文化遗产的传承人。全国茧丝绸行业终身成就奖获得者

首先分析的是一件塔形纹锦（图 2）。它是用作包裹尸体的锦带，其局部花纹色彩尚较清晰，组织尚可分辨。它虽属两重经线显花的经锦，但却有四种色彩。原来，其中一组经线分成彩条排列，这也是结构上的巧妙之处。

其次分析战国的舞人动物纹锦（图 3）。它已碳化变色，表面呈暗褐色，一片模糊，根本无法分辨它的组织和色彩。笔者只能在显微镜下反复观察经向丝线的转换，才终于将组织分析出来，从而了解经锦是怎么一回事。

图 1 湖北荆州博物馆文物测试现场

（a）塔形纹锦原件　　　　（b）塔形纹锦分析手稿　　　　　（c）丝线排列手稿

图 2 塔形纹锦原件分析部分材料

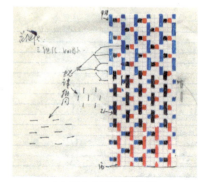

（a）舞人动物纹锦原件　　　　（b）舞人动物纹锦分析手稿　　　　（c）舞人动物纹锦复制件

图 3 舞人动物纹锦原件分析手稿和复制件

2. 揭开经锦组织之奥秘

经过分析塔形纹锦二重经锦的组织图和舞人动物纹锦三重经锦的组织图以后，笔者发现它们有三点奥秘：

其一，经锦的织物表面仅有一种组织，它的花纹只是不同色彩的经线转换而已，如图4和图5所示。其中，图4为实物举例，图5为不同重数的经锦组织图。

图4　经锦织物放大照片

为此，笔者推测，无论二重经锦、三重经锦、四重经锦，哪怕五重经锦、六重经锦都是以此规律类推。苏州丝绸博物馆1998年曾先后两次派人赴新疆分析出土文物，如灯树纹锦（三重经锦）、王侯合昏千秋万岁宜子孙锦（四重经锦）、五星出东方利中国锦（五重经锦）等的复制件。此后，笔者确认不必再去分析组织，只要分析丝线形态、花纹、色彩、经纬密度等即可，从而节约了不少分析组织的时间。

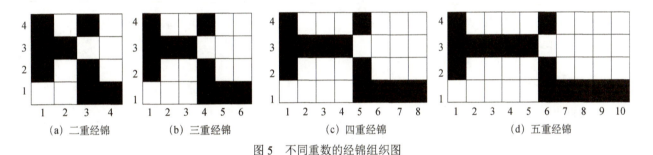

| (a) 二重经锦 | (b) 三重经锦 | (c) 四重经锦 | (d) 五重经锦 |

图5　不同重数的经锦组织图

其二，将经锦的组织图加以分解和组合，发现组织图中有1/2的纬线即单数纬的组合是纬重平组织。

以此类推，无论二重经锦、三重经锦、四重经锦还是五重经锦等经锦组织的1/2纬均是纬重平组织（图6）。这样，整个花纹循环中的一半纬线组织只需要采用二片素综片起落即可［图6（a）］；另1/2的纬线即双数纬线上的经浮点是由花综提升［图6（b）］。这是笔者在1989年率先发现的经锦组织的最巧妙之处。

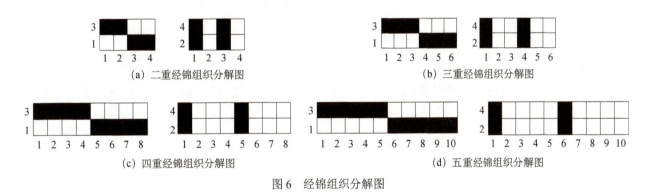

| (a) 二重经锦组织分解图 | (b) 三重经锦组织分解图 |
| (c) 四重经锦组织分解图 | (d) 五重经锦组织分解图 |

图6　经锦组织分解图

其三，经锦组织分解原理的发现，为中国从此采用多综织机和多综多蹑织机复制经锦织物节省了一半综片，如果汉代陈宝光妻早知如此，她就不用 120 片综蹑织散花绫[①]，只要用 60 片综即可。苏州丝绸博物馆 1989 年复制塔形纹锦，本来应该采用 30 余片综，后来只用 16 片综即可（图 7）。

（a）织造塔形纹锦照片

（b）复制的塔形纹锦照片

图 7　复制塔形纹锦照片

（二）纬锦的复制

1. 文物的测试

唐代是一个强盛、富饶的时代，也是一个丰富多彩、织锦技术发展较快的时代，织锦不但出现了斜纹型经锦，更出现了斜纹型纬锦。因它们的丝线浮长较长、外观较丰满亮丽，故唐代经锦和纬锦基本都以斜纹型组织为多。

笔者首次接触纬锦是 1990 年 11 月带领团队，赴中国国家博物馆，对青海文物考古研究所提供的都兰出土的唐代文物进行分析。首先分析的一件纬锦是黄地宝花团窠对鸟锦。该文物花纹虽隐约可见，但仍很模糊，看不清织物组织结构，分析起来十分困难，后来笔者凭借对组织研究的经验，经过反复分析，终于发现它们的经纬向组织完全循环，该纬锦是一件斜纹型纬锦，如图 8 所示。

其次是唐花瓣团窠瑞鸟衔绶锦，这同样是一件斜纹型纬锦，但其织物更是支离破碎［图 9（a）］，要想找出它完整的纹样和组织更为困难，而斜纹型的经锦和纬锦比平纹型的经锦和纬锦复杂，二者虽有共同的规律，但究竟浮长有几根，循环有多大，分析起来更是难上加难。通过半个多月的反复分析研究，终于得出斜纹型纬锦的完全循环组织图。回馆后，复制团队齐心协力，反复分析研究，最后终于复制出完整的织物［图 9（b）］。

---

① 李仁溥：《中国古代纺织史稿》，长沙：岳麓书社，1983，第 53 页。

（a）"黄地宝花团窠对鸟锦"原件

（b）文物测试现场

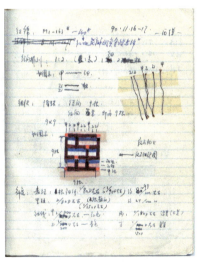

（c）织物组织分析手稿

（d）文物复制件

图 8　纬锦的复制

（a）原件破碎残片

（b）复制后实物

图 9　唐花瓣团窠瑞鸟衔绶锦原件残片和复制件

2. 揭开纬锦组织之奥秘

纬锦与经锦的组织有相似之处，它的显花是从经向显花转向纬向显花，表面也都是一个组织，只是纬线变化多又丰满亮丽（图10）。

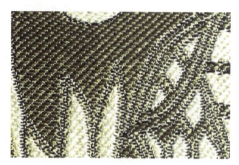

图10　纬锦表面放大照片

纬锦的组织原理与经锦相同，基本是经锦组织旋转90°，如图11所示，这里不作详解。

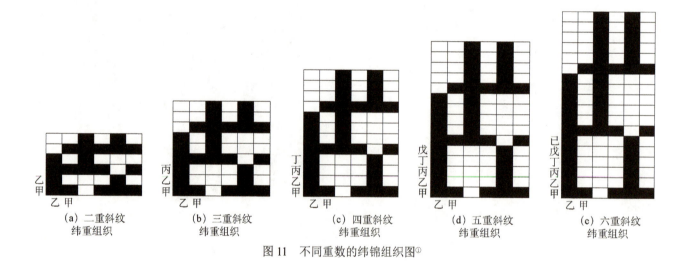

（a）二重斜纹　　（b）三重斜纹　　（c）四重斜纹　　（d）五重斜纹　　（e）六重斜纹
　　纬重组织　　　　纬重组织　　　　纬重组织　　　　纬重组织　　　　纬重组织

图11　不同重数的纬锦组织图①

二、经锦和纬锦织造工艺之巧妙

经锦虽有不同色彩的二重、三重或多重经线显花，但它们的组织相同，屈曲波长相同，织造张力一致，故只需采用一个经轴织造［图12（a）］。纬锦必须采用两个经轴，这点被笔者和团队在复制唐代纬锦的实践中反复证明了。原来，笔者认为纬锦是一组经线，多重纬线显花，经向应采用一个经轴，但上机后发现两组经线张力差异太大，其中一组经线经常断头，于是改成分牵两个经轴才顺利完成织造，如图12（b）所示。

———————————

① 钱小萍主编：《中国织锦大全·丝绸织染篇》，北京：中国纺织出版社，2014，第23页。

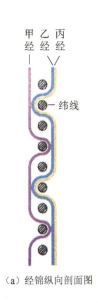

（a）经锦纵向剖面图

（b）纬锦纵向剖面图

图 12　织物纵向结构剖面图①

　　为此，笔者判断双经轴的发明是从唐代纬锦开始的，一直沿用至今，凡是经向应用不同粗细或不同组织的经线就都必须采用双经轴织造。经锦织造正面向上，而纬锦织造反面向上，这是根据需提起经线分量的轻重不同决定的。织造时综片的结构和穿综方法分成起综和压综，一组地纹经穿起综，一组结接经穿压综，尤其纬锦织造必须采用压综，以便于减轻综片升降的重量，如图 13 所示。

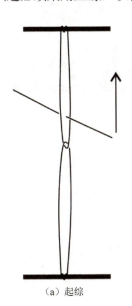

（a）起综

（b）压综

图 13　起综压综示意图

① 钱小萍：《中国宋锦》，苏州：苏州大学出版社，2011，第 63 页。

笔者在复制实践中探索出了以上详细的古代织物组织和织造技艺的巧妙之处，并将其理论编写在书中。

三、破解古代花楼织机提花技术的奥秘

人们看了花楼织机的操作，一人在上牵花，一人在下织造，就织出彩色的花纹，都感到非常神奇（图14）。其实它的奥秘有以下两点。

图14 花楼织机图

1. 挑花结本的奥秘

《天工开物》一书上关于挑花结本的描述只有不到120字①，它讲的仅是如何操作，并没有讲出原理。而笔者在复制实践中发现，挑花的奥秘关键在于，它不考虑织物的组织，只凭图稿上的色彩来挑（图15）。

如图15所示，纵线代表经线（花本中称脚子线），横线代表纬线（花本中称耳子线）。根据图稿，如有红、黄、蓝三色花纹，挑花时不考虑织物地纹和花纹起什么组织，只需见色而挑，将纵线分别挑在三种颜色的横线之上。织造时牵花工只要将浮在横线上的纵线向上提，就形成开口，织工织入相应的纬线，上下配合，周而复始，即可织出花纹。看似复杂，实则简单。

---

① （明）宋应星：《天工开物》卷上《乃服》，第二节，第88—89页。

图 15　挑花原理示意图

2. 综片起落之奥秘

因挑花不考虑组织，其组织是储存在综片里的，由综片起落形成。这样每根经线既要穿在起花的综圈里，又要穿在起组织的素综圈里，让它既可起花又能起组织。其经线依次穿在不同的综片中，综片分别按组织规律连接在相对应的脚踏杆上。若织物的组织以五枚缎纹组织为例［图 16（b）］：如交织点为 1、3、5、2、4，则第 1 根脚踏杆对应第 1 片综，第 2 根脚踏杆对应第 3 片综……以此类推，这样织工操作时只要按 1、2、3、4、5 的顺序踩脚踏杆［图 16（a）］，就可织出五枚缎纹组织，花纹的组织则另采用三片或数片综，用同样的方法按起花组织将综片与脚踏杆相连接，工人只要顺序而踏即可（图 16）。

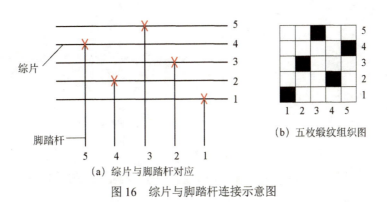

（a）综片与脚踏杆对应　　　（b）五枚缎纹组织图

图 16　综片与脚踏杆连接示意图

当然，从图案设计、经纬密度、组织结构、挑花根数到穿综方法、综片起落和脚踏杆顺序，这一切都是由专业人员设计编排好，工人只需按规范操作。为此整台机架仅是一个框架，真正的核心技艺，是前期设计编排的"内脏"，我们称它为织机装造。装造可以根据设计而千变万化。

四、宋锦技艺的探索

1. 宋锦的特点

早在 20 世纪 60—70 年代笔者就开始研究宋锦。宋锦形成于宋代，是在纬锦的基础上演变发展起来的，它具有不少纬锦的特点，但它的结构既有经线显花，又有纬线显花（图 17），笔者在《织锦大全》一书中将它称为"经纬显花锦"。宋锦的组织是以斜纹组织为基础并加以变化，光泽柔和、厚薄适中、花纹精细、古朴秀美，正反面都是光洁平整。

图 17　宋锦表面放大照片

2. 宋锦的织造技艺之巧妙

宋锦的织造技艺之巧妙主要有三点：①它分成地纹经和接结经两个经轴织造，织物反面向上制织，这种技艺继承了纬锦的工艺特点，一直延续至今。②它同时采用起综与压综，起综起地组织，压综起花纹的接结组织，花纹由花楼牵线提升。③在纬向应用了彩纬抛道，这是宋锦独特的技艺，如图 18 所示。

图 18　织物正面和织物背面

宋锦织物结构中，在不增加纬线重数，即不增织物厚度的情况下，利用其中一组或两组纬线分段换色抛道，使之色彩丰富、逐花异色，甚至可以整匹织物色彩不同，故而被称为"活色生香"。此为宋锦之美，最美也即在于此。

五、结　　语

中国灿烂的古代丝绸文化技艺是中华文明史中的瑰宝，古人的聪明才智令人十分惊叹。他们发明创造了难以计数的优秀技艺，值得我们学习研究传承。只有将这些优秀技艺的奥秘揭开，并总结为理论，编写成书，才能使从事丝绸事业的后来人举一反三，触类旁通。

在创办苏州丝绸博物馆和进行丝绸文物复制过程中，笔者努力使现代丝绸工程直接与古代丝绸工程碰撞与交融，这是丝绸行业的一种幸运，也是苏州丝绸博物馆的一大特点。另外，由于中国古代织锦技艺复杂性高、实践性强的特点，笔者在图书的编著过程中十分注意，详细记载了工艺技术，使之既有可研究性，又有可操作性。这方面取得了较好的效果。

中国古代丝织技艺博大精深，三十余年来笔者所研究探索和挖掘的古代丝绸文化技艺仅仅是其中的一部分，还有好多技艺需要我们更深入地去学习和研究。同时还有好多疑点值得探讨，如三国时马钧改革了提花织机[①]，采用 12 片综就可做出原本需要 60 片综甚至 120 片综才能做出的精美花纹，笔者认为这方面相关历史记载的准确性值得探讨。又如古代的大纺车捻丝机[②]如何加强捻等问题，至今还未有定论。这些问题都有待更多的专家和学者关注研究。

附录　笔者复制、仿制和创作的部分宋锦作品照片

图 19　新宋锦（1966 年）　　　图 20　球路双狮纹锦（2003 年）　　　图 21　灵鹫球路纹锦（2006 年）

① 李仁溥：《中国古代纺织史稿》，长沙：岳麓书社，1983，第 72 页。
② 钱小萍主编：《中国传统工艺全集·丝绸织染》，郑州：大象出版社，2015，第 67 页。

图 22　菱格四合如意锦（2006）

图 23　蓝地龟背花朵锦（2008 年）

图 24　鸳鸯瑞花锦（2010 年）

图 25　球路龙纹锦（2012 年）

图 26　黄地牡丹万字纹锦
（2012 年）

图 27　五彩翟鸟纹锦创制件（2013 年）

图 28　花卉盘绦锦仿制件（2014 年）

图 29　蔓草纹加金细锦复制件（2016 年）

图 30 璇玑图宋锦挂轴（2002 年）　图 31 枫桥夜泊宋锦挂轴（2010 年）　图 32 百子嬉春宋锦挂轴（2013 年）

图 33 宋锦·西方极乐世界图轴　　　图 34 宋锦·西湖十景之一曲院风荷（2017 年）②
　　（2009—2014 年）①

① 原件收藏于北京故宫博物院，图稿源自清代宫廷画家丁观鹏之作。

② 图稿来源于著名画家陈家泠所绘。

路耀华执行副会长在 2019 年《中国工业史》编纂工作会议上的讲话

路耀华

2019 年 4 月 18 日

各位领导，各位专家，各位来宾，同志们：

大家上午好！今天我们在这里召开 2019 年《中国工业史》编纂工作会议。首先，我代表中国工业经济联合会，代表李毅中会长向参加今天会议的各编纂单位代表、各位专家，各位记者朋友表示热烈的欢迎！

向出席本次会议的工信部、国务院国有资产监督管理委员会（简称国资委）、中央党校、国家档案局、中国历史研究院的领导表示热烈的欢迎！

一会儿，李毅中会长将发表重要讲话，我先就一些具体问题作一些通报，谈一些看法。2019 年的"两会"刚刚闭幕。8 年前，也是在"两会"上，由 20 多位全国政协委员联名提案：建议尽快组织编纂《中国工业史》和筹建中国工业博览馆。之后，又有两位政协委员署名给李克强总理写信，呼吁尽快启动编史和筹馆工作。这些提案和信件得到了国务院领导的高度重视和支持！也得到了国家发展和改革委员会、工信部、财政部、国资委、国家新闻出版署的指导、支持和帮助！更得到了全国性各工业协会、联合会、中央企业、有关院校和研究机构的积极参与和支持！得到了中国社会科学院、北京大学、清华大学、北京师范大学、中国矿业大学、北京联合大学、科学出版社等研究机构的专家学者的广泛参与。8 年来，《中国工业史》编纂工作从零起步，已经取得了显著成果：一是研究确定了《中国工业史》19 卷的构架和内容设计，并与 19 个编纂单位签订了编纂协议；二是持续推动《中国工业史》各分卷成立和完善编纂委员会、审定委员会和编辑部，健全了组织机构。19 支由行业专家和学者及写作骨干组成的编纂队伍已经建立；三是认真研究和制定了《中国工业史》编纂体例、编纂规范等一系列文件，对指导和规范编纂工作发挥了重要作用；四是发挥国内史学专家和行业专家作用，特邀的《中国工业史》专家，在编纂工作指导、培训、交流、研讨及三级大纲审定工作中发挥了支撑作用；五是在国务院国资委、财政部的大力支持下，由财政拨付的编纂《中国工业史》的专项经费已经基本落实，虽

路耀华（1947—），中国工业经济联合会执行副会长

然额度有限，但有力地支持了编纂工作的顺利推进；六是重视信息沟通与交流工作，中国工业经济联合会（简称工经联）编发了《中国工业史》编纂工作简报；建立了《中国工业史》微信群，对促进各卷之间交流信息、相互学习发挥了积极作用；七是在各编纂单位领导高度重视、亲自检查部署下，各卷分别完成了"三级大纲"和"大事记"的编纂任务，已经全面进入初稿写作阶段。其中"医药卷""有色卷""建材卷"的初稿写作已经完成。

截至目前，《中国工业史》编纂工作成绩显著，第一阶段的工作任务基本完成！借此机会，我代表中国工经联向各编纂单位的领导和同志们所付出的艰辛劳动和取得的优异成绩表示衷心的感谢和祝贺！

同志们：《中国工业史》编纂工作开局不错，但这只是万里长征走出的第一步！从 2019 年开始，我们将全面进入各卷初稿写作和审定阶段。这一阶段的工作更细致、更艰苦，要求也更高。为此，在 2018 年"编纂年"的基础上，我们把 2019 年确定为《中国工业史》编纂工作的"质量年"。

"质量年"的主要任务：一是要继续坚持李毅中会长提出的"真实、科学、共识"的编纂工作指导思想，坚持质量第一，真实表述，稳步推进，高标准地完成《中国工业史》各卷初稿的编纂工作。二是要聘请各类专家，汇集一支以史学专家和行业专家组成的书稿审查队伍，建立健全《中国工业史》全书和各分卷审定机构。这也是我们这次会议的内容之一。三是制定书稿审查制度，宣传和贯彻《中国工业史》书稿审定工作的相关文件，统一规范体例、格式、章节等编纂要求，以审促编，编审结合，确实做好书稿的编纂与审稿工作。为此，提出以下三点要求：

（1）做好"质量年"的各项工作，要深刻领会、认真贯彻习近平新时代中国特色社会主义思想。各编纂单位和审稿专家要站在政治、历史和全局的高度，进一步提高对编纂工作的认识，强化责任担当。习近平总书记在致中国社会科学院中国历史研究院成立的贺信中指出："新时代坚持和发展中国特色社会主义，更加需要系统研究中国历史和文化，更加需要深刻把握人类发展历史规律，在对历史的深入思考中汲取智慧、走向未来。"①总书记以深邃的历史眼光，把建设中国特色社会主义放到历史长河中，从改革开放 40 年、新中国成立 70 年、建党 97 年、近代以来 170 多年、中华文明 5000 年这 5 个历史维度去考量，使我们深刻理解了中国特色社会主义这个宝贵成果得来极不容易，有利于我们更好地理解和把握中国特色社会主义的历史必然性。

中国工业历史是中国历史的重要组成部分。《中国工业史》是中国第一部全面反映中华民族从农业文明走向工业文明的丛书，也是描述中国各工业门类产生和发展的全书；是国务院领导关怀和支持、有关部门批准编纂的第一部全面反映中国工业发展历程的国家工程；是填补中国工业历史研究空白，坚持文化自信的创新工程，更是我们坚定文化自信和厚植价值观的铸魂工程；是纵述古今、涵盖万业、面向国际的宏篇巨著。

---

① 《习近平致中国社会科学院中国历史研究院成立的贺信》，新华网，2019 年 1 月 3 日。http://www.xinhuanet.com/2019-01/03/c_1123942672.htm. 访问日期：2019 年 3 月 4 日。

《中国工业史》19 卷，将全面记述中国工业从无到有、从小到大、从偏到全这一波澜壮阔的历史过程；记述中华民族 5000 年历史中在工业领域的发明创造和对人类的历史性贡献；展示中国古代手工业和现代工业发展，特别是改革开放以来中国工业发展所取得的辉煌成就！讴歌中华民族自强不息的奋斗精神和改革创新的时代精神！以史鉴今、启迪后人，激发我们建设制造强国和网络强国的宏图大志，坚定全国人民为实现中华民族伟大复兴的中国梦而奋斗的自豪感！意义十分重大而深远！

大家能够参与《中国工业史》编纂，既是历史机遇，也是历史之幸；既是组织的托付，也是自己的责任；既是时代的需要，更是历史的要求。不仅光荣，而且自豪！我们必须站在政治、历史、全局的高度，本着对党和国家负责，对工业历史负责的态度，强化责任担当。不辜负中国工业战线广大干部职工的期待，编纂出一部经得起推敲和历史检验的《中国工业史》。

（2）做好"质量年"工作，各编纂单位要坚持"一把手"工程，坚持"编纂质量和审稿质量"两手抓，两个"质量"都要硬。

盛世修史。"史"的灵魂在于真实、全面。做好"质量年"工作，就是要把"真实、全面"落在实处。做好"质量年"工作，还必须落实"一把手"责任。这一条在各卷的编纂实践中已经得到了充分验证。因此，在 2019 年的编纂工作中，一是希望各行业卷编纂的主要领导要亲自部署，亲自检查，明确目标，压实任务，要坚持把编纂质量放在首位。特别是在当前协会改革或换届过程中，力争要做到编审工作不受影响。二是要继续加强编纂骨干队伍建设，加强专家队伍建设，坚持"两手抓"。一手抓初稿的编纂质量，一手抓初稿的审稿质量。还要注意遵守国家有关知识产权保护和保密的法律规定。三是要认真、严格地贯彻执行这次会议颁发的审稿标准。切实保障"质量年"的各项措施落实到位。一些行业涵盖广泛，细分繁多，要加强配合协调，稳步推进编纂工作。

（3）做好"质量年"工作，要充分发挥史学专家、行业专家在编纂和审稿工作中的"指导、培训、把关"作用。

《中国工业史》编纂工作自 2015 年启动以来，得到了各方面专家的有力支持和广泛参与。他们在编纂培训、大纲审定、审稿标准制订等方面发挥了重要的支撑作用。在"质量年"工作中，尤其是在审稿工作中，专家的作用不可或缺。为此，提出下列三点要求：一是各卷编纂委和审定委要重视和发挥专家的指导作用，特别是在一些重大问题上要认真听取专家的意见和建议。二是要发挥专家在初稿编纂过程中的培训作用。应该看到，我们的编纂队伍还存在着编纂经验不足、人员素质参差不齐等问题，亟须加强编纂过程中的业务学习和培训，不断提升编纂人员的业务能力和水平。三是支持专家依据审稿标准和审稿程序开展审稿工作。这次会议下发的审稿标准，经过了众多专家的多次修改和讨论，已成为试行标准。要处理好写与审、事与人、史与论等关系。发挥好专家的把关作用，以审促编，编审结合，保证质量。

同志们，2019 年《中国工业史》各卷的编审工作任务十分艰巨和繁重。由于我们从事的是全新的事业，做的是开创性的工作，一定会碰到不少的困难和问题。因此，更需要认真学习，虚心请教，确保质量，既要在战略上树立信心，也要在战术上稳步推进。道路总需要有人开拓，做事总需要有人担当。据了解，目前在工业大国中，唯有中国还没有一部工业史，急需填补这一空白。随着岁月的流淌，工业印记的淡化，工业遗迹的消失，老一代工业人的衰老过世。这一代人若再不将工业史写出，若将来述写，付出的代价将越来越大，遗漏的"史实"将越来越多，遇到的困难也将越来越重。我们有责任从事这一工作，担起这个责任。希望同志们再接再厉，克服困难，稳步推进，确保编纂质量。以编纂工作的优异成绩向中华人民共和国成立 70 周年献礼！向中国共产党建党 100 周年献礼！

　　谢谢大家！

把握学术方向，提升理论厚度，推出具有思想穿透力的精品力作

——在 2019 年《中国工业史》编纂工作会议上的致辞

李国强

尊敬的李会长、路副会长，各位领导、各位专家、同志们：

大家上午好！非常高兴参加今天的会议。受中国社会科学院党组成员、副院长，中国历史研究院院长、党委书记高翔同志委托，我谨代表高翔同志和中国历史研究院全体同仁向会议的召开表示祝贺！向《中国工业史》各编纂单位、各位专家的辛勤劳动表达我们崇高的敬意！

中国社会科学院中国历史研究院是今年 1 月 3 日挂牌成立的。下设考古研究所、古代史研究所、近代史研究所、世界历史研究所、中国边疆研究所、历史理论研究所，按照中央领导同志"政治正确，学术高端"的要求，履行统筹整合全国史学研究精锐力量、指导全国历史研究工作的职责，努力推动中国历史学融合发展，加快构建中国特色历史学学科体系、学术体系、话语体系。

李国强（1963—），中国社会科学院中国历史研究院副院长，研究员，博士生导师。主要学术方向是中国边疆问题、"一带一路"研究

党中央十分重视中国历史研究院的组建。习近平总书记为中国历史研究院的成立专门发来贺信，代表党中央向全国广大历史研究工作者致以诚挚问候。总书记在贺信中指出："历史研究是一切社会科学的基础"，"历史是一面镜子，鉴古知今，学史明智。重视历史、研究历史、借鉴历史是中华民族 5000 多年文明史的一个优良传统。"[1]"新时代坚持和发展中国特色社会主义，更加需要系统研究中国历史和文化，更加需要深刻把握人类发展历史规律，在对历史的深入思考中汲取智慧、走向未来。"[2]总书记的贺信是对全国历史研究工作者巨大的鼓舞和莫大的鞭策，是新时代繁荣中国历史研究的根本遵循，对于《中国工业史》的学术研究、理论探索同样具有十分重要的意义。

3 月 5 日，中国工业经济联合会（简称工经联）执行副会长路

---

①② 《习近平致中国社会科学院中国历史研究院成立的贺信》，新华网，2019 年 1 月 3 日。http://www.xinhuanet.com/2019-01/03/c_1123942672.htm. 访问日期：2019 年 3 月 4 日。

耀华、执行副会长兼秘书长熊梦等同志莅临中国历史研究院，与我院高翔院长进行了座谈，成为中国历史研究院成立以来第一批来访的贵客。这充分表明中国工经联领导同志对历史研究工作的高度重视，以及对中国历史研究院的厚爱和支持。双方就《中国工业史》的编纂工作进行了深入交流，并达成多项共识。

受高翔院长委托，我代表中国历史研究院讲两点意见：

（1）《中国工业史》的编纂工作既是中国工业界的大事，也是中国历史学界的一件大事，要牢牢把握学术方向，着力提升理论厚度，努力推出具有思想穿透力的精品力作。《中国工业史》的编纂是经国务院领导批准立项的第一部全面反映我国工业发展历程的国家项目，是填补中国工业历史研究空白、坚定文化自信的创新工程，是代表国家、面向国际的中国工业历史集大成的巨著。

通过对中国工业从无到有历史变化的系统回顾，通过对中国工业由小到大历史演进的全面总结，通过对中国工业由弱到强历史流变的有益探索，客观阐述中国工业发展的成败得失和经验教训，深刻揭示中国工业的发展脉络和发展道路，科学阐明中国工业的历史规律和未来趋势，这既是编修《中国工业史》的应有之义，也是编修《中国工业史》的使命担当。从这个意义上而言，编纂《中国工业史》的价值既体现在理论体系上的建构和学术上的创新，同时体现为新时代中国工业的持续进步、繁荣发展进一步夯实历史根基，提供历史滋养。

从根本上而言，一部中国工业史既反映中国工业波澜壮阔的历史进程，更是中国历史变迁、社会嬗变的缩影，不仅承载着对中国工业文明的深度阐发，而且承载着几代中国工业人励精图治、披荆斩棘的光荣和梦想。因此，我们要始终坚持以马克思主义唯物史观为指导，以习近平新时代中国特色社会主义思想为统领，秉持科学严谨的精神和求真务实的原则，遵循学术规律、遵守学术规范，努力造就经得起历史检验、经得起时间检验、经得起人民检验的学术成果。

成就一套19卷、总计约5000万字的皇皇巨著实属不易，编写任务之繁重可想而知。在中国工经联和各编纂单位的共同努力下，编纂工作已经取得了可喜的成果，我们相信在中国工经联的领导下，在各编纂单位和学者的团结协作下，《中国工业史》一定会取得圆满成功，一定会打造成为具有里程碑意义的高质量学术成果。

（2）中国历史研究院将加强与中国工经联的交流和沟通，积极支持《中国工业史》的编纂工作。作为新近成立的历史学专业性科研机构，中国历史研究院对《中国工业史》的编纂工作深为钦佩，也深受鼓舞。习总书记在致中国历史研究院成立的贺信中指出："希望中国历史研究院团结凝聚全国广大历史研究工作者，坚持历史唯物主义立场、观点、方法，立足中国、放眼世界，立时代之潮头，通古今之变化，发思想之先声，充分发挥知古鉴今、资政育人作用，为推动中国历史研究发展、加强中国史学研究国际交流合作作出贡献。"①中国工业史是中国历史的有机组成部分，编纂《中国工业史》是推动中国历史研究繁荣发展

---

① 《习近平：立时代之潮头　通古今之变化　发思想之先声》，《人民日报海外版》2019年1月4日，第1版。

的具体实践。中国历史研究院将持续关心和支持《中国工业史》的编纂，也愿意为《中国工业史》的顺利推进贡献我们的绵薄之力。

为此，我们将与中国工经联保持经常性工作沟通，积极配合中国工经联推进《中国工业史》编纂的各项工作，在专家协助、史料文献、交流互动、专题研讨等方面提供支持。目前我们已经有多位专家参与了《中国工业史》的相关工作，今后将根据工经联领导的指示以及编纂工作的需要再选派优秀专家参与进来，协助建立高水平专家审稿队伍，为实现编纂一部高质量的历史著作而携手努力。

此外，我们提议把建立"中国工业史文献数据库"纳入工作议程，通过对编纂过程中所积累的各类素材和数据资源的有效整合，构建一个体系合理、数据可靠、便于检索、易于利用的权威性信息平台。中国历史研究院希望有机会与中国工经联展开合作，共同打造全方位、全领域、全要素的"中国工业史文献数据库"。

各位领导、各位同事，编纂《中国工业史》是前无古人的一项伟大事业，每一位参与其中的同志不仅在书写历史，而且在开创历史。自古以来，我国知识分子就有"为天地立心，为生民立命，为往圣继绝学，为万世开太平"的志向和传统，编纂《中国工业史》也要秉承这样的志向和传统，我们要以奋斗的姿态、以永不懈怠的精神，投入《中国工业史》的编纂中，为实现工业强国的目标，为实现中华民族伟大复兴的中国梦贡献我们的智慧和力量。

最后预祝本次工作会议取得圆满成功。谢谢大家！

做好工业史研究，担负起历史使命

史　丹

中国工业经济学会中国工业史专业委员会（以下简称"中国工业史专委会"）经过两年多酝酿，于 2019 年 4 月 27 日在北京正式挂牌成立。中国工业经济学会成立 40 年来，始终关注研究工业经济发展中的重大理论问题和实际问题，积极发挥学术引领作用，对推动中国工业经济发展和学术研究发挥了重要作用。今年是中华人民共和国成立 70 周年，中国工业史专委会成立正逢其时，意义重大，使命非凡。

历史科学是基础学科，无论哪一个学科，只有形成了扎实的史学研究，才能叫作形成了完整的学科体系。中国工业史专委会的成立将进一步发挥中国工业经济学会的功能，促进学会的发展。同时，也为中国工业史研究搭建一个平台，团结全国有志于工业史研究的学者共同开展研究。中国工业史的研究将为工业经济学、工程技术学等一些应用学科的发展和完善奠定更加坚定的科学基础，促进学科建设和发展。

从研究的角度，每个历史时期都有其研究的必要和价值，但研究中国工业史，我认为要把研究重点放在新中国成立以来这一历史时期。与中国几千年的历史相比，70 年是很短暂的时间。但是这 70 年，却是使中国重新走向世界舞台中央的 70 年，是中国从一个落后的农业国向工业强国迈进的 70 年，也是中国从封闭走向开放，为全球工业化做出巨大贡献的 70 年。

中国是世界上具有 5000 年悠久历史的国家，在工业革命之前，中国曾是世界上最为发达的国家，GDP 约占全球的 30%，代表着世界上最为先进的生产力和文明，是一个真正的中央之国。然而，工业革命揭开了人类发展的新篇章，也是中国逐步落后于欧美国家的开端。在新中国成立之前，中国是世界上最落后的国家之一，GDP 只有全球的 3%左右。新中国成立后，中国开始了大规模的工业化建设，中间虽然也走过弯路，但是，工业化的速度还是惊人的，只用 70 年的时间就完成了从农业文明向工业文明的转变，比先行工业化国家少用了近 100 年的时间。70 年来，中国从一个贫弱国家跃升为世界第二大经济体，建立了完整的工业化体系，不仅工业行业门类齐全，而且还形成了与之配套的运输体系、产业布局、产品市场及规划体系，是世界上最大的工业品生产国和出口国，50 多项工业产品产量居世界第一。中国工业化的发展促进和带动了中国

史丹（1961—　），中国社会科学院工业经济研究所所长，研究员，博士生导师。《中国工业经济》《经济管理》*China Economist* 等杂志主编。主要研究领域：能源经济、低碳经济、产业发展与产业政策

城镇化水平的提升和基础设施建设，成为推动中国回归世界舞台中央的驱动力量。这就给我们史学研究提出一个问题，即为什么新旧中国呈现截然不同的工业化发展状态？为此，我们只有系统研究新旧中国工业史，才能深入理解新中国工业化的历史条件，解释为什么工业化只有在新中国才能得以快速推进的原因。

工业化起源不在中国，但是把全球工业化推向高潮的是中国。中国不仅通过改革开放快速实现了本国工业化，而且在"一带一路"倡议下，通过工程技术项目输出和基础设施建设正在推动落后国家开始工业化进程，其涵盖的人口至少占全球的一半以上。研究中国工业史的现实意义有助于增强我们的道路自信、理论自信和文化自信。为中国建成全面现代化国家提供更加坚定的理论基础和经验借鉴。

工业革命开启了人类新纪元，工业史也是当今的社会、经济、技术发展史，所涉及的内容非常广泛，需要多学科共同开展研究。从研分内容来看，中国工业史的研究至少要研究以下几个方面。

一是中国工业经济思想史。笔者在访问印度时，印方一位学者的议论引起了笔者的思考。他认为，中国工业发展的道路完全是借用西方的理论，走西方的道路。而印度则是正在创造自己的发展道路。笔者认为，这一方面是印方学者不完全了解中国的原因；另一方面也反映了中国总结新中国成立以来工业发展的指导思想、路线方针不够，中国社会科学院工业经济研究所一些前辈研究过工业史，编纂了影响至今的《新中国工业经济史》，但是时间截止到1986年，需要后人继续开展研究。

中国工业化进程高度集中了新中国成立以来中国特色社会主义建设的思想、路线和方针，这是区别于西方国家经济发展道路的所在。中国工业化道路的模式及其形成的历史背景是中国工业经济思想史研究的重要内容。中国工业经济思想史是中国特色社会主义经济理论的重要基础。中国工业经济思想史在中国工业史研究中应该占有核心地位。中国工业经济思想史的研究，首先就是要总结新中国推动工业化的进程的历史经验。

二是中国工业科技史。科技进步是推动历史前进的根本力量，没有科学技术创新就不会有工业革命和工业化。英国著名科学史家李约瑟花费近50年研究中国科技史，他认为中国古代的科学技术，在很长的一段时期里都居于世界领先的地位。中国历史上的科学技术成就，为世界文明的发展做出了很大贡献。经过研究，他提出一个问题，即为何近现代科技与工业文明没有诞生在当时世界科技与经济最发达繁荣的中国？这就是著名的李约瑟之问。新中国成立后，尤其是改革开放后，中国开始了人类历史上规模最大的工业化，技术进步对工业化进程起了重要的支撑作用。目前，中国工业科技在部分领域已处于世界领先地位，但也存在着部门核心技术依赖国外进口的问题。中国工业科技史要总结分析中国工业技术发展的历史规律，不同时期技术进步和科技创新的历史条件及其经验、教训。与李约瑟相近的是钱学森之问，即"为什么我们的学校总是培养不出杰出的人才"，笔者认为中国工业科技史研究应该对这两个问题都有解答。

三是中国工业部门（行业）发展史。如果说中国工业经济思想史和中国工业科技史分别是史学与经济学、史学与工程技术学交叉的学科，那么，中国工业发展史应是史学与工业经济学的交叉。中国工业发展史主要研究各行业的发展规律和历史条件。从总体上看，中国工业化水平进入中后期阶段，但行业发展不平衡，每个工业行业发展的历史背景及各行业发展不平衡的原因就构成了中国工业发展史的研究对象与内容。中国工业部门（行业）发展史也应包括中国工业区域发展史，分析总结不同历史时期中国工业发展的区域布局特点及其演变规律，地理条件、运输条件等对工业布局的影响等。

此外，中国工业史研究的内容还应做好中国工业历史资料长编、中国工业的历史人物研究等诸多内容。资料长编主要体现中国工业发展过程中的重大历史事件，历史人物是人类历史长河中的闪烁明珠。在世界工业发展史上，如第一次工业革命中的关键人瓦特，第二次工业革命的关键人爱迪生都是在工业化进程中不能不提及的人物。中国工业发展史上也有许多重要人物做出历史性的贡献，其中包括理论思想家、科学家、企业家和发明家等。

中国工业史的研究要注意研究方法和理论创新。历史研究之树常青，研究方法要与时俱进。工业化的前沿已进入了数字化、智能化时代，并也正对知识创造和理论研究的方式方法产生革命性的影响。目前，史学研究已出现量化历史的研究方法，中国工业史的研究要善于利用多学科交叉融合的优势，抓住数字化、智能化技术革命的机遇，提升研究效率和研究质量。中国工业经济学会是一个开放型的研究平台，学会将积极创造条件，团结广大科研工作者，攻坚克难，为中国学术发展贡献力量。

中国古代纺织的精湛技艺和当代纺织非遗传承

吴 迪 牛爽欣

摘 要： 中国古代纺织手工业创新了一系列精湛技艺，包括纺纱、织造、刺绣、染色、印花等，各种纺织产品在国内外享有很高声誉。改革开放后，随着中国纺织工业的快速发展，具有传统特色的手工纺织技艺作为非物质文化遗产延续和保存下来，实现了传承和新的发展，本文列举了宋锦、夏布、扎染、蓝印花布等实例。下一阶段，还要与现代科技、时尚品牌相结合，创新符合市场经济环境的传承与发展模式，不断丰富与推广纺织非遗产品，满足人民的高品质文化消费需求。

关键词： 纺织手工业；非遗；传承；丰富；创新

一、中国古代纺织手工业做出独特贡献，创新了一系列精湛技艺

在中国古代漫长的纺织手工业发展过程中，中国人做出了许多独特的创新和贡献，出现了一系列精湛的技艺，纺、织、染整等方面都有不少与西方技艺不同的独到之处。生产的纺织品品种十分丰富，质量精良，通过国内外贸易享有很高声誉。纺织与人类的衣着密切相关，人们的穿衣需求从遮体、御寒，到装饰、礼仪，成为表达人类物质需要和精神生活的特殊语言，是物质文明发展到一定阶段的产物，在中华文明中处于特殊的地位。一些凝聚着中华民族文明的传统工艺和产品，在国际贸易和文化交流中，对世界文化的发展产生了深远的影响。

吴迪（1953—），毕业于清华大学自动化系，教授级高工，从事行业经济和历史、产业政策、信息化等领域的研究。曾任中国纺织工业联合会产业部副主任，中国纺织经济研究中心副主任，现负责《中国工业史·纺织卷》《纺织行业信息化 40 年发展历程》等重点书籍的编纂工作

牛爽欣（1993—），助理经济师，中国纺织经济研究中心行业分析师，主要从事纺织工业经济研究

（一）麻类纺织技术最早应用

我们的祖先最早掌握纺织技术是用于麻类纤维和织物，时间可以上溯到距今五千年左右，即中国新石器时代晚期的仰韶文化时期。古时称为"布"的，主要是指麻类织物，所以《小尔雅》有："麻、纻、葛曰布"之说。由于布是庶民日常服用

的布料，与广大人民生活有着密切的关系，所以把庶民亦称为"布衣"。麻类织物作为大宗衣料，早期一直是平民百姓衣着用品，一直到宋代以后，麻布的地位才逐渐为棉布所取代。

我国麻类纤维中以葛、大麻、苎麻为大宗，自秦汉至隋唐，种植、初加工、纺绩和织造技术都已发展到相当高的水平。葛是最早利用的麻类纤维，唐代诗人李白《黄葛》诗中有趣地提到："黄葛生洛溪……采缉作絺绤……此物虽过时，是妾手中迹。"后来其地位逐渐被大麻所替代；古代军队的服装大部分是麻布，种植受到政府的鼓励，因而到隋唐时，大麻生产遍及黄河、长江中下游和新疆；苎麻在周代已开始人工种植，其分布地区虽不如大麻广泛，但在长江流域和黄河流域都可以看到它的踪迹。苎麻纤维洁白、纤细，适于织成高质量的织物，是宋元以前重要纺织纤维原料之一。

以苎麻为原料的夏布曾经大量生产，是大众的衣料之一。棉布流行后，主要作为夏服和蚊帐用布而流行于世。盛产夏布的地区有江西、广西、四川、湖南、浙江、广东等。抚州宜黄县位于宜水东岸，水质正适宜于夏布漂白，漂出之布，洁白夺目，因此宜黄县生产的夏布名为机上白。同类的产品还有浙江诸暨生产的山后布、广西邕州的练子等。夏布用来做成夏天的衣服，十分轻凉离汗。南宋戴复古曾称赞："雪为纬，玉为经，一织三涤手，织成一片冰"，既赞美它的轻细，又称赞它具有良好的透气性和吸湿性，适于穿着。①

（二）丝绸产品享誉世界

中国是世界丝绸的故乡，养蚕缫丝起源最早，传播面广，我国古代有黄帝元妃嫘祖"教民养蚕"的传说。与麻葛不同，丝绸产品具有优良舒适的服用性能和美观的装饰效果，特别受到青睐，一直是达官贵人享用的高档服饰用品，因此得到了很快的推广。这造成了后来历朝历代的官营织造机构的精工细作，产品不断向高档化发展，在世界上享有极高声誉。

到了明清时期，丝织技术达到了历史最高水平，当时的官办丝织业资金充足，并且集聚了大批高水平的工匠，因而能织造各种极为高贵华美的丝织物。清乾隆年间任大椿的《释缯》对各种丝织物的品种、名称进行了整理和分类。

这时期绫、罗、绸、缎、纱、锦等各大类品种的纹样花型、产品质量和风格在继承前代的基础上，又有了新的发展，并分化出许多有地方特色的名优产品。例如，缎有广东的粤缎、苏州的幕本缎、云南的滇缎、贵州的遵义缎、杭州的杭缎等；纱有杭州的皓纱，泉州的素纱、花纱和金线纱，广东的粤纱和莨纱等；绸有广东的莨绸、嘉兴的濮绸、苏州的绉绸和绵绸、山西的潞绸等；绫有吴江的吴绫，桐乡的花绫、素绫、锦绫等；罗有杭州的杭罗，泉州的硬罗和软罗，苏州的秋罗、刀罗等；锦有苏州的宋锦、四川的蜀锦、南京的云锦、西南少数民族的苗锦和北锦等。

中国人首创了许多独特的丝织品，如缎、双绉，"通经回纬"织花，雕刻的缂丝等，体现着服用性和

---

① 赵翰生：《中国古代纺织与印染》，北京：商务印书馆，1997。

艺术性的结合。锦便是以绚丽多彩著称的织物之一，宋锦、蜀锦和云锦是著名的三大名锦。

宋锦为宋代开始盛行的纬三重起花的重纬织锦，是唐代晚期斜纹纬锦的延续和发展，花色繁富，质地柔韧，在裁剪使用时能保持平服挺括，不会出现锦缎那样的卷曲现象。生产地区主要是以苏州、湖州及杭州为中心的江南一带。宋代每年给官吏分七个等级发给"臣僚袄子锦"，用以做官服。当时大多宋锦用于装裱书画。宋代裱装书画的锦，有四十多个名目。那时见于记载的锦名极其繁多，组织结构变化丰富。

宋锦的特点是色彩丰富、华丽，显得层次分明，调和文雅。它不用强烈的对比色，而以几种明暗层次相近的颜色作渲晕，达到"艳而不火，繁而不乱"。在配色方案上，常用一种"活色"，如四朵主花转轮的图案花样，采用五种色纬轮流调换，就能织成二十朵不同的花色。①

（三）印染工艺丰富多彩

染色技术作为一种装饰艺术，主要来源于人们对自然美的反应和追求。随着社会的进化，人类对衣服装饰效应的要求不断提高，服装上的色彩有了越来越多的含义，成为人类文明中不可缺少的一个部分。早在商周时期，中国丝毛织品染色技术已经相当成熟，工艺路线多种多样，以适应不同品种和不同档次的织物。

帝王贵族服饰上需要有各式各样的纹样，如《春秋左传》记载有九种之多。所谓"画缋"，从技术上讲就是局部染色，是不同于浸染的一种技艺。在江西西贵溪仙岩一带的春秋战国崖墓中出土了双面印花苎麻织物，银白色花纹印在深棕色的苎麻布上，这是迄今发现的最早的印花织物，证实了当时确已开始使用浆料。可以说，在春秋战国之交，印花工艺已正式出现在生产中。

隋唐之后，印染业快速发展，创新了印染工艺，发明了绞缬、蜡缬等染法，开发了蓝印花布等典型产品，为中国印染技术做出了宝贵的贡献。

绞缬，又称扎缬，是中国古代民间常用的一种染色方法。其花样色调柔和，花样的边缘受到染液的浸润，很自然地形成从深到浅的色晕，使织物看起来层次丰富，具有晕渲烂漫、变幻迷离的艺术效果。这种色晕效果是其他方法难以达到的。从唐代开始，绞缬纺织品更深受人们的喜爱，不仅妇女将它作为日常服装材料穿用，在陶瓷和绘画上也可见到它的踪迹。如当时制作的三彩陶俑，周昉画的《簪花仕女图》，以及敦煌千佛洞唐朝壁画上，都有民间妇女穿着流行服饰"青碧缬"的造型。

蓝印花布是中国民间传统的印染品，使用植物蓝靛染料，风格极具中国民族特色。新疆民丰东汉墓曾出土织品中有一块蓝白印花布残片，仅比后来的市布稍稍厚一些，可见其历史悠久。宋代称为药斑布，明代称为浇花布。南通为中国蓝印花布的主要产地，所产蓝印花布主要用来制作日常的衣服、被面、蚊帐、枕套、包袱布等。蓝印花布图案朴素优美、吉祥如意，大多取材于飞禽走兽、花草树木与神话传说，如五福（蝙蝠）捧寿、吉庆有余（鱼）、狮子滚绣球、鲤鱼跳龙门等。②

---

① 周启澄、赵丰、包铭新主编：《中国纺织通史》，上海：东华大学出版社，2017。
② 赵翰生：《中国古代纺织与印染》，北京：商务印书馆，1997。

二、纺织非遗传承取得可喜成果，展现独特价值和无穷魅力

中华人民共和国成立 70 年以来，尤其是改革开放之后，中国纺织工业快速发展，科学技术和生产装备大幅进步，已经成为世界第一的纺织生产、出口和消费大国，正在向纺织强国迈进。一些中国古代最具特色和代表性的手工纺织工艺和技术延续和保存下来。其中有许多精湛的技艺，特点鲜明的产品，体现着中华民族宝贵的文化传承，也是当今珍贵的非物质文化遗产。

国家政策层面对于非遗传承给予了引导和支持。2017 年 1 月，国家发布《关于实施中华优秀传统文化传承发展工程的意见》，在重点任务"融入生产生活"中，提出实施中华节庆礼仪服装服饰计划，设计制作展现中华民族独特文化魅力的系列服装服饰；同年 3 月，文化部等三部委发布《中国传统工艺振兴计划》，提出建立国家传统工艺振兴目录等一系列具体任务，其目录中包括 104 项纺织工艺；前后四批发布的《国家级非物质文化遗产代表性项目名录》中有 197 项纺织项目。①

当前保留下来的纺织技艺以中华民族世代相传的手工技艺为主，是凝结民族智慧的历史与文化载体，是传统文化的重要组成部分。在新时期，在传承本土文化、构筑社会和谐、推动经济发展等方面取得了一系列可喜的成果，展现出独特价值和无穷魅力，并呈现出新的时代特征。其中涉及门类多、覆盖面广、品种丰富的一大类主要包括纺、染、织、绣、印等传统工艺，丝绸方面的居多，以及各地蚕丝织造技艺等。棉麻织、染、印方面也涉及多种传统纺织技艺，产品极具乡土特色。

（一）宋锦

宋锦起源于 12 世纪的中国宫廷，当时的皇帝宋高宗为了满足宫廷服饰和书画装裱而大力推广，明清两代达到鼎盛时期。近代以来，因为受现代化工业的冲击，传统宋锦一度衰落，宋锦的制作技艺几乎失传。

苏州丝绸研究所的钱小萍很早便致力于历代丝绸织锦的研究，创建了中国丝绸织绣文物复制中心。由于宋锦失传多年，技术人员和技术资料严重流失，就连实物和图片也难得见到，她千方百计地收集和发掘文献上记载的宋锦代表作，与中国国家博物馆、新疆维吾尔自治区博物馆和青海省博物馆等单位合作，复制出了宋、明、清时期一度盛行的苏州宋锦，还新开发出了 11 种面料，分别获得了国家文物局科技进步三等奖和一等奖。为了让宋锦织造技艺得到广泛传承，钱小萍还撰写了《中国宋锦》《丝织丝纹》《丝绸实用小百科》等著作，其中还配上了制作工艺的插图。2006 年，宋锦被列入第一批国家级非物质文化遗产名录，钱小萍被评为宋锦织造技艺国家级传承人。此后，她的《中国宋锦》也正式出版面世，系统介绍了宋锦的起源、形成和各朝代的发展。

（二）夏布

早在春秋战国时期，江西古越族人就已经开始从事苎麻耕种和使用手工织布。万载夏布，俗称"鸡鸣

---

① 中国纺织工业联合会非遗办公室编著：《中国纺织非物质文化遗产发展报告（2017/2018）》，2018。

布"，为江西传统特产。其生产可追踪溯源至东晋后期，距今已有 1600 余年历史，并一直留传下来。

宋树牙生于夏布织造世家，创办了万载县双志夏布厂并一直担任厂长，专门从事夏布织造技艺传承、夏布生产、经销、出口工作，该厂生产的夏布产品出口到法国、日本、韩国等国家，深受各国的好评。他 2010 年 5 月带着自己生产的夏布产品参加上海世界博览会，引起了各界的高度关注。夏布制作技艺被国务院公布为国家级非物质文化遗产名录，宋树牙成为第三批国家级非遗项目的代表性传承人。近年来，为了适应现代的发展和消费者的需求，万载人在生产的时候将夏布再进行漂白与染色或变整形，集漂白、烘干、整形于一体，可印染成多种颜色夏布，做成各种瑰丽多姿女套裙等服装，以及与抽纱工艺结合，做成飞机、游艇、小车上各种精美垫子布和窗帘、茶具、沙发的装饰布十分畅销，大大提高了产品的附加值，也减小了现代工艺生产对夏布的冲击。

（三）扎缬

自贡扎染源于清代，是自贡市传统的工艺美术品，以隽秀、清新、淳朴、富有民间特色而蜚声国内外，有些独特的艺术效果，是机械印染工艺难以达到的，但是多年来一些关键技艺已经失传。

自贡市拔染工艺厂张晓平在父亲大量研发的基础上，带领研究团队经过苦心钻研，掌握了消失多年的扎染技术。他们发掘的扎染工艺，不但继承了传统的绞缬技法，并有所突破和创新：不用刻版，靠人工扎缬，染出的纺织品显出千变万化的冰裂、皱痕，色调浓淡各异；面料由单一的棉布增加到丝绸、锦缎等；作品题材侧重于民族、民间风格，图案设计吸收中国画、装饰画、油画，以及现代一些流派的表现手法。在继承传统扎染技艺和艺术风格的基础上，不断突破和创新，形成了一套独特的染色、扎缬方法和操作规程，将扎缬严密细致的特点与粗犷活泼的抽象效果巧妙结合起来，使扎染作品的色彩、色晕，千变万化，绚丽多彩。2006 年，自贡扎染技艺入选第一批国家级非物质文化遗产名录，张晓平成为传承人。

（四）蓝印花布

南通是中国蓝印花布的主要产地之一，历史可追溯至南宋时期，用简单、原始的蓝白两色，创造出一个淳朴自然且千变万化的蓝白艺术世界。但是民间手工技艺一直处于自生自灭的状态，近代以来南通整个蓝印花布的生产一直在滑坡。

近年来，传统技艺的传承受到重视，如南通蓝印花布艺术馆的吴元新多年来竭尽全力保护传承国家级非物质文化遗产蓝印花布，在抢救保护、研究、创新、传承蓝印花布方面做了大量卓有成效的工作。他创新制作近千个蓝印花布纹样，先后设计了蓝印花布服装、包袋、壁挂、工艺品、鞋帽等系列蓝印花布作品。这些作品多次荣获工艺美术界国家级金银奖，先后在美国、英国、德国、法国、意大利、俄罗斯举办蓝印花布展览。南通蓝印花布技艺被列入国家级非物质文化遗产名录，吴元新成为该项目的代表性传承人。之后，他还创办了全国第一家蓝印花布专业博物馆，保护流失在民间的蓝印花布等传统印染实物遗存近三万余件十万多个纹样，对这些优秀的传统蓝印花布图案做系统的分类、编号、拍摄以及初步的断代工作，并建立了蓝印花布纹样数据库。

三、不断丰富与创新的纺织非遗产品，满足高品质文化消费需求

在尊重并保持纺织服装传统工艺本真性、完整性的基础上，挖掘非遗产品的艺术特色，发扬纺织传统工艺精工细作、彰显个性的特点和工业化生产无可替代的特性。下一阶段，还要与现代科技、时尚品牌相结合，制作生产符合现代审美的大众产品，创新符合市场经济环境的传承与发展模式，不断丰富与推广纺织非遗产品，满足人民的高品质文化消费需求。

（一）加强现代科技在传统工艺中的应用

现代科技和手工技艺并不矛盾，两者的特质的互补，能够赋予非遗产品更精良的品质、更丰富的形式。要将机械化、自动化生产的精细准确渗透于手工生产的环节，将其科学性、精确度与手工制作的差异性、个性化进行有机结合。

苏州宋锦工艺复杂，对工匠技艺要求很高，只有在恢复宋锦传统工艺技法的基础上，成功研制开发出宋锦的现代化织造设备，才能实现宋锦的产业化和集群化发展。

2011 年 12 月至 2012 年 3 月，吴江市鼎盛丝绸公司董事长吴建华带领着团队研制了一台符合传统宋锦织造工艺和各项技术参数的电子提花机，成功地将电子信息技术应用于传统宋锦织造工艺，大大提高了设计水平和生产效率，成为宋锦"生产性保护"的实践者。他还与东华大学、北京服装学院等院校以及著名设计师合作，充分发挥宋锦的艺术特点，开展了宋锦产品多样化和多场景的研发，并积极组织并推动宋锦国家标准的起草与实施，为宋锦产业健康、可持续发展创造了条件。

（二）引领前沿时尚与民族工艺的结合

具有地方特色、民族特色的非遗文创产品，能够丰富文化旅游、乡村旅游市场，满足旅游消费需求。在保持手工产品特点的前提下，与前沿时尚结合，由大型企业牵头，推动其向价值链高端延伸，将开拓非遗纺织品更大的发展空间。

刺绣、纹饰、扎染、蜡染等传统手工艺具有鲜明的民族特色，从业的上千名绣娘分散在云贵川的大山之中。依文集团自 2006 年开始，致力于传统手工艺和非遗的保护，创立了"依文·中国手工坊"这一传承中国传统工艺文化的平台，并以此为核心，在实践过程中探索与时尚品牌相结合的手工艺生态圈建设模式。依文董事长夏华十三年来带领团队穿梭在云贵川的城市和大山之间，挨家挨户寻找绣娘，为她们建立家庭工作室；先后走访了黔西南十多个大山深处布依族的村寨，与绣娘亲近交流，亲身体会那些鲜为人知的、最自然淳朴的文化和心手相传的工艺。依文集团通过为工作室在资金、销售、推广等方面提供支持，带动了民间手工艺的现代化；通过提供订单和创作条件，带动更多绣娘加入手工艺行业中。

（三）推动传统工艺的品牌化整合

弘扬中国精神与中国传统文化精髓，推动传统工艺的品牌化整合，能更好地推广纺织非遗产品，展现其独特的品牌影响力。

同万载夏布一样，重庆荣昌夏布织造技艺也入选国家级非遗代表性项目目录，延续了多年夏布的手工生产。2016 年，张义超作为知名的服装设计师，首次代表重庆荣昌进行品牌推广。她将三项国家级非遗项目荣昌夏布、荣昌陶器、荣昌折扇的传统文化因子植入设计，将中国传统文化与时尚品牌有机结合，引起了服装界的很大反响。此后，她又以"打造好平台、提供好产品、整合好品牌"为导向，建立全新的平台空间，与浙江理工大学、武汉纺织大学等高校合作，推进设计师的版权交易，将设计原创版与品牌企业对接，增强企业原创设计能力；同时积极推进货品交易供应，促进产品优化换代、快速了解市场需求。

（四）探索符合市场经济环境的传承与发展模式

积极探索符合市场经济环境的传承与发展模式，吸纳更多有实力、有渠道的企业、大专院校、文化单位参与传统技艺的保护与传承，与文化、旅游等产业相结合，探索多样化的跨界协同发展的新模式。

桐乡丰同裕蓝印布艺公司多年来一直致力于推动桐乡蓝印花布印染技艺的创新发展，并探索出了多样化特色发展的新模式：

与清华大学、北京服装学院等高校专业团队进行设计对话，为蓝印花布发展状况进行探讨，以学术研究推动产业发展；建立蓝印花布展示馆，收集整理传统桐乡蓝印花布纹样，为研究蓝印花布的图案特色和技法以及当地民风、民俗提供研究参考；建立标准化色谱，将植物靛蓝染色达到 80 个色阶；通过互联网渠道进行展示和销售桐乡蓝印花布创新产品，开发微商平台，增加蓝印花布宣传销售渠道；进行实体店更新改造，建设新型桐乡蓝印花布生活馆，将非遗融入现代生活。①

---

① 中国纺织工业联合会非遗办公室编著：《中国纺织非物质文化遗产发展报告（2017/2018）》，2018。

核工业六十年取得的六大成就

江小生

核工业从 1955 年算起，到 2019 年，走过的 64 年岁月里，取得的成就是巨大的，从宏观上来说，可以归结为六大成就。

一、涌现了一批以"两弹一艇一站"为代表的科技和建设成就

到目前为止，核工业的标志性成就仍然是"两弹一艇一站"，即原子弹、氢弹、核潜艇的研制和发展，核电站的建设和规模化。其他的成就也许很有意义，但以历史的眼光来看，尚不具备足以构成重大历史节点的里程碑意义。只有"两弹一艇一站"，才是对民族、国家能够产生深刻的全面的根本性影响的成果，并且今后仍将继续发挥它不可替代的作用。

二、实现了共和国及其开国领袖"打造大国利器，巩固国防安全"的初衷和目的

毛泽东强调，帝国主义和一切反动派都是纸老虎。这是他老人家从战略上藐视敌人。发展我们自己的原子弹、氢弹、核潜艇，这是从战术上重视敌人。核武器一旦落下，那是要吃人的，而且一次要吃成千上万的人，不认真对待不行，不能让它落在我们的国土上，不能让它落在我们人民的头上，最好的办法，就是我们自己也能拥有。我们拥有了，帝国主义的核垄断、核讹诈就不攻自破了。以毛泽东为首的开国领袖在中华人民共和国初创的艰苦条件下，毅然决策发展"两弹一艇"，在短时间内，取得突破，成功地实现了"打造大国利器，巩固国防安全"的初衷和目的。事实上，中华人民共和国的开国领袖带领人民研制"两弹一艇"，可以说是 1840 年鸦片战争以来，中华民族的志士仁人从武器层面（大国利器）探索救亡图存、富国强兵的过程的继续，也是"师夷长技以制夷"的最成功、最有效的伟大实践。

江小生（1964—），核工业原 272 厂机关党总支书记、党委办公室副主任、党委组织部副部长，现已退休，被组织抽调参与中国工业史核工业卷编纂工作

三、形成了比较完整的全产业链的核工业体系

六十余年的砥砺前行，中国核工业形成了比较完整的全产业链的核工业体系。从天然铀的勘探开采，到天然铀的纯化、转化和浓缩，到核燃料元件的制造，核能军用和民用发电，再到乏燃料的后处理，构成了比较完整的封闭的加工处理过程。世界上具备完整的核工业产业链的国家为数不多。中国能拥有这样的产业链是来之不易的，也是应该倍加珍惜的，它是国家核心竞争力的体现，也是国家能力的体现。

四、开辟了一条寓军于民、军民融合的广阔道路

核工业的六十余年，是不断寓军于民、军民融合的六十年。"两弹一艇"研制成功后，中央指示"二机部不能只是爆炸部，除了搞核弹外，还要搞核电站"。在中央战略决策和军民结合方针指引下，核工业承受限产、停产、转产的巨大压力，为了克服种种困难，进行大幅度产业结构调整，大力发展典型的军民融合产业核电和核技术应用，成功实现战略转型，从单一军工经济逐步转型为军民结合、平战结合、上下游结合、科研与生产结合的新型核科技工业体系。核电产业成为核工业发展引擎，核技术得到广泛应用，核工业既圆满完成了军工科研生产任务，保留了核军工人才队伍，又为国民经济做出了巨大贡献。寓军于民的产业体系、军民结合的研发体系，资源共享的军民共赢机制、军民人才互动的交流合作机制逐步形成和深化。军民融合上升为国家战略以后，寓军于民、军民融合的路子愈加宽广，在以强军为首责的前提下，军民深度融合的格局更加势不可挡。

五、找到了一条改善能源结构、发展清洁能源、助力美丽中国建设的重要途径

多年来，核工业主动作为，大力推动绿色发展，在建设美丽中国、创造人民良好生产生活环境中发挥了表率作用，展示了中央企业在生态文明建设中的责任与担当。核能同时是清洁能源，经过三十多年的核电建设，核能发展已经成为中国非化石能源的主力能源，大大减少了温室气体的排放，为坚决打好污染防治攻坚战，改善中国能源结构、推动中国生态文明建设迈上新台阶做出了巨大贡献。实践证明，发展核电不失为助力美丽中国建设的重要途径。

六、拥有一张参与"一带一路"建设的通行证和"中国制造"的亮丽名片

"华龙一号"是由中国两大核电企业中核集团和中广核集团在中国30余年核电科研、设计、制造、建设和运行经验的基础上，根据福岛核事故经验反馈以及中国和全球最新安全要求，研发的先进百万千瓦级

压水堆三代核电技术。采用 177 个燃料组件的反应堆堆芯、多重冗余的安全系统、单堆布置、双层安全壳，全面平衡贯彻了"纵深防御"设计原则，设置了完善的严重事故预防和缓解措施。

它的问世，使中国拥有了自主知识产权的核电技术，拥有了一张参与"一带一路"建设的通行证，一张"中国制造"的亮丽名片。它是核电"走出去"国家战略的技术支撑，是实现中国由核电大国向核电强国转变的里程碑。

站在新的历史起点上，我们有理由相信，核工业在它的第二个六十年，一定会取得不逊于第一个甲子的辉煌成就。

一切权力属于人民：回忆参加一届全国人大一次会议

胡兆森口述、胡鞍钢整理

1954 年 9 月 15 日至 9 月 28 日，第一届全国人民代表大会第一次会议于在北京隆重召开，大会通过了《中华人民共和国宪法》，从此建立起中华人民共和国的根本政治制度——人民代表大会制度。70 年来，人民代表大会制度不断发展、日益巩固、逐步完善，越发成熟自信，展现蓬勃生机，开辟了人类政治文明的新路径。

1954 年 9 月，新中国成立 5 周年前夕，中华人民共和国第一届全国人民代表大会第一次会议在北京隆重举行。在这次会议上，诞生了中国第一部《中华人民共和国宪法》，创立了中国社会主义基本政治制度，即全国人民代表大会制度，选举产生了新的国家机构领导人。我有幸在 60 年前亲身参加了这次会议。

一、当选第一届全国人民代表大会代表

建国初期，我们国家非常重视工业建设。20 世纪 50 年代我国重要的重工业部门，像钢铁、机械、煤炭和造船等都集中在东北。所以选举全国第一届人大代表的时候，东北地区选送代表的城市最多，辽宁省有 24 名代表，鞍山市是以钢铁产业为主的老工业基地，共有 6 个代表名额，这 6 名代表分别是：孟泰、邵象华、张明山、沈策、韩天石和我。

孟泰曾带领广大工人把日伪时期遗留下来的一些废铁堆翻了个遍，建成了当时著名的"孟泰仓库"。抗美援朝战争期间，他主动当了护厂队员，冒着遭到空袭的危险，把行李扛到高炉上，随时准备用身体护卫高炉，被称为"老英雄"孟泰。邵象华是鞍钢的总工程师，我国钢铁冶金专家。我们国家 1954 年年底发行了第一套有中国先进工人形象的邮票——《技术革新》特种邮票，共两枚，其中一枚就是反围盘自动传送钢条的情景及反围盘的创造者张明山的画面。另一画面是万能工具胎的发明人王崇伦正在刨床前向工人们介绍万能工具胎的构造和功能。王崇伦凭着万能工具胎，1954 年一年完成了 4 年又 17 天的工作量，被誉为"走在时间前面的人"。在鞍山市选举的 6 名全国人大代表中，除了时任市委书记韩天石，市总工会副主席沈策以外，鞍钢有 4 名代表。但实际上鞍钢共有 5 位第一届全国人大代表，其中王崇伦是由抚顺市选举的，他们都是来自鞍钢一线的人大代表。

1953 年对我来讲，有一件大事和两件喜事。所谓大事就是我有幸参与了鞍钢建设的三大工程。10 月 23 日无缝钢管厂投产，11 月 30 日大型轧钢厂投产，只有炼铁厂第 7 号高炉因重大技术难题迟迟未能投产。

我在关键的时候破解了技术难题，12月19日炼铁厂第7号高炉正式投入，仅用了一年时间鞍钢三大工程提前投产，按照苏联的设计则需要3—5年才能完成。

5天之后的12月24日，毛泽东主席专门给鞍钢全体职工发来贺信，称鞍山无缝钢管厂、鞍山大型轧钢厂和鞍山第七号炼铁炉提前完成建设工程并开始生产，是一九五三年我国重工业发展中的巨大事件。并指出，我国人民现正团结一致，为实现我国的社会主义工业化而奋斗，你们的英勇劳动就是对这一目标的重大贡献。周恩来总理为"三大工程"的题词是"我国社会主义工业化建设中的重大胜利"。

我的第一件喜事就是我大儿子的出生，我给他取名为"胡鞍钢"，代表了中国的钢都，也代表了新中国工业化的出发点。

第二件喜事是1953年12月20日，我光荣地加入了中国共产党，被选为鞍山市特等劳动模范和第一届全国人民代表大会的代表，也是唯一的技术员代表。

二、我见到了毛主席

我于1954年9月4日与部分辽宁代表抵京，被分配住在新建的东四牌楼六条的东四旅馆。

第一届全国人民代表大会第一次会议实际上是分为两个阶段：第一阶段是预备会议阶段，从9月5日开始至9月14日；第二个阶段是正式会议阶段，从9月15日开始至9月28日，历时14天。

9月5日上午，我们到政务院所在地中南海召开党员人大代表会议，由副总理邓小平同志做报告。下午又在北京饭店召开全体代表第一次预备会议，由林伯渠（时任中央人民政府委员会秘书长）做报告，内容主要是会议日程和编组等事宜（图1）。

图1　1954年第一届全国人民代表大会第一次会议部分代表在会议间隙在中南海怀仁堂后花园。左一为王崇伦，左四为胡兆森，右一为李顺达。（图：新华社）

9月6日到13日，辽宁省代表团的代表在一起学习、讨论、修改《中华人民共和国宪法（草案）》及《中华人民共和国全国人民代表大会组织法》《中华人民共和国国务院组织法》《中华人民共和国人民法院组织法》《中华人民共和国人民检察院组织法》《中华人民共和国地方各级人民代表大会地方各级人民委员会组织法》五部法律草案，并组织小组讨论和发言。

9月12日，在刘少奇主持的宪法起草委员会第九次会议上，讨论通过了《关于中华人民共和国宪法草案的报告》及上述5部法律的草案，这就为正式大会作了充分的准备。

9月15日下午，第一届全国人民代表大会第一次会议隆重召开。

下午，在大会开幕之前的三点零五分，毛主席、刘少奇、周恩来、朱德等领导同志来到会场，全场报以暴风雨般的掌声，我也拼命鼓掌，心中兴奋到了极点。我高兴得眼泪掉下来，竟有些不相信自己，原来与我们在精神上、思想上朝夕相处的领袖现在就站在我们的面前。尤其是毛主席身体真好，红光满面，身体也非常魁梧和健康，大家沉浸在幸福的海洋中，全场都激动极了。

下午三点一刻，毛泽东主持开幕式，并致开幕词《为建设一个伟大的社会主义国家而奋斗》。我紧张地拿出笔记本，一句一句地记，一边记一边鼓掌，还一边想多看毛主席一眼，他的每一句话多有力！多沉着！他的每一句话都代表了我们心中的话，我从来也没有这样深刻而又亲切地感到幸福。

毛泽东介绍了这次会议的重大任务是：制定宪法；制定几个重要的法律；通过政府工作报告；选举新的国家领导工作人员。他指出，我们这次会议具有伟大的历史意义，标志着中国人民从1949年建国以来的新胜利和新发展的里程碑，这次会议所制定的宪法将大大地促进中国的社会主义事业。毛泽东还特别提到，准备在几个五年计划之内，将我们现在这样一个经济上、文化上落后的国家建设成为一个工业化的、具有高度现代文化程度的伟大的国家。他最后指出，我们正在做我们的前人从来没有做过的极其光荣伟大的事业。我们的目的一定要达到，我们的目的一定能够达到。这是我第一次亲耳聆听毛泽东的讲话，他的讲话给了我们极大的鼓励和鞭策。

三、为新中国第一部宪法的诞生而欢呼

毛泽东做了简短的开幕致辞之后，刘少奇向大会做《关于中华人民共和国宪法草案的报告》，并在四天内完成讨论和修改。

全国人大一届一次会议通过新宪法，这是我最难忘的大事之一。当时我还写在了日记里。记得在1954年9月15日开幕当天，我们听取了刘少奇代表宪法起草委员会做的《关于中华人民共和国宪法草案的报告》。刘少奇的报告长达3个多小时，代表们对报告不断报以热烈掌声（图2）。

图 2　全国人民代表大会代表鼓掌通过《中华人民共和国宪法》。第一排右二为孟泰，第二排右一为胡兆森。（图：新华社）

9 月 20 日，当大会宣读了修正过的宪法草案全文后，全体代表以无记名投票的方式进行了表决。那是一个激情燃烧的年代，那是一个重要的历史时刻，会场上每个人都非常激动，都兴奋不已，场面非常热烈。全场的代表都站起来，暴风雨般的掌声和欢呼声经久不息。《中华人民共和国宪法》在代表们的一片欢呼声中通过。大会通过宪法后，在回驻地的车上，我们仍然兴奋不已，欢呼不止。《中华人民共和国宪法》的诞生，也受到全国人民的热烈欢呼拥护，老百姓都自发地上大街游行，高呼着拥护宪法的口号。我们的车开得很慢，大家一路欢呼着回到驻地，我连嗓子都喊哑了。

四、全体代表与毛泽东合影

9 月 21 日下午 3 点，我们在怀仁堂后花园里和毛泽东、刘少奇、周恩来、朱德、陈云、林伯渠、沈钧儒等人合拍全体照。照片刚照好，我就抢先一个箭步，在葡萄架下等着，毛主席带着慈祥的笑容走过来了，大家正在鼓掌，突然有一两位代表和毛主席握手了，这一开例，可不打紧，我又一个箭步冲上前去，我紧握着毛主席的手，激动地说着："毛主席，毛主席您好！"他慈祥地注视着我，微笑着。我紧紧握着毛主席的手久久不放，感到从他的手上传来了一股无比的、巨大的动力，使我进步的动力。当时周围的代表挤得真厉害，都抢着握手，我不愿意占有别人的机会，退出了圈子。当时我灵机一动，走到走廊入口处等着，果然毛主席随着人群挤过来了，我立刻站在他的身旁，大家高声地欢呼着"毛主席万岁！"毛主席也在向大家招手！事后许多代表都非常羡慕地向我说："你太幸福了，你就站在他的身边，当时我们羡慕极了！"

五、周总理首次提出中国"四个现代化"的目标

9 月 23 日，我们听取了周恩来总理代表中央人民政府在会上所做的《政府工作报告》。周总理指出，

中国的经济原来是很落后的。如果我们不建设起强大的现代化的工业、现代化的农业、现代化的交通运输业和现代化的国防，我们就不能摆脱落后和贫穷，我们的革命就不能达到目的。他还特别说明，第一个五年计划的方针，就是集中主要力量发展重工业，建立国家工业化和国防现代化的基础。周总理指出，第一个五年计划之所以要集中主要力量发展重工业，即冶金工业、燃料工业、动力工业、机械制造工业和化工业，是因为只有依靠重工业，才能保障整个工业的发展，才能保障现代化农业和现代化交通运输业的发展，才能保障现代化国防力量的发展，归根结底，也只有依靠重工业，才能保障人民的物质生活和文化生活的不断提高。这可能是中国共产党领导人最早提出的"四个现代化"的战略设想，也说明白了重工业在实现"四个现代化"中的重要性。这里周总理还特别提到了冶金工业，并作为重工业的首位，我也感到在鞍钢工作的重要意义。

9月24、25日，代表团分组讨论《政府工作报告》并提出修改意见；听取并讨论关于《中华人民共和国全国人民代表大会组织法》《中华人民共和国国务院组织法》《中华人民共和国人民法院组织法》《中华人民共和国人民检察院组织法》《中华人民共和国地方各级人民代表大会地方各级人民委员会组织法》等5部法律草案的报告。

六、毛泽东当选国家主席

9月27日下午，大会选举毛泽东为中华人民共和国主席，朱德为副主席。下午5点35分，刘少奇同志向大会公布了选举结果，毛主席和朱德都以1210票全票当选，还没有等刘少奇同志说完，大家就站起来，欢呼鼓掌，我们特别兴奋。手臂举酸了，手掌鼓痛了，喉咙喊哑了，但欢呼的声音越来越大，毛主席几次要大家平静下来，可是他要求大家平静下来的手势，反而引来全场一次次更长时间、更热烈的欢呼声。

同日，大会根据毛泽东主席的提名，决定周恩来任国务院总理。大会还选举刘少奇为第一届全国人民代表大会常务委员会委员长，宋庆龄等十三人为副委员长。董必武为中华人民共和国最高人民法院院长。张鼎丞为中华人民共和国最高人民检察院检察长。

当日晚，这个消息迅速传遍了全中国。天安门前，几十万大中学生、部队的同志和老百姓们已经在欢呼了。在回旅馆的途中，我们看到北京城人山人海，到处都是鞭炮声以至于短短的一段路程我们的面包车差不多走了45分钟，我们在车上和狂欢的队伍握手，同时高呼毛主席万岁！回到宾馆时，我的嗓子早已哑了，手臂更是酸得像要掉下来一样。

9月28日下午，会议根据周恩来总理的提名，通过国务院组成人员人选，陈云等10人为副总理。会议还通过毛泽东为国防委员会主席，根据毛泽东提名，通过中华人民共和国国防委员会副主席和委员的人选。

当日，大会圆满闭幕。由于临近国庆5周年，第一届全国人大代表被邀请参加国庆观礼。我们的位置是在天安门城楼两边的观礼台上。游行的人们走过观礼台时都向观礼台上的全国人民代表大会的代表们热烈欢呼。游行队伍抬着巨大的《中华人民共和国宪法》模型进入广场时，保卫着"宪法"的工人和农民徐徐地将"宪法"打开，出现了"一切权力属于人民"八个大字，全场立刻欢腾起来，热烈欢呼和鼓掌。

七、结语：一切权力属于人民

60 多年过去了，我作为第一届全国人大代表，有幸参加了第一届全国人民代表大会会议的全过程，这次会议成为新中国最大的政治制度创新，具有划时代的意义。诚如习近平总书记在庆祝全国人民代表大会成立 60 周年大会上的讲话所言："60 年前，我们人民共和国的缔造者们，同经过普选产生的 1200 多名全国人大代表一道，召开了第一届全国人民代表大会第一次会议，通过了《中华人民共和国宪法》，从此建立起中华人民共和国的根本政治制度——人民代表大会制度。中国这样一个有 5000 多年文明史、几亿人口的国家建立起人民当家作主的新型政治制度，在中国政治发展史乃至世界政治发展史上都是具有划时代意义的。"①

实践是检验一个制度的标准，经过长达 60 多年的政治实践，已经证明人民代表大会制度不仅符合中国国情、符合中国全体人民的根本利益，而且在世界 193 个国家竞争中最具政治优势、制度优势，它真正体现了"一切权力属于人民"这八个大字。

---

① 习近平：《在庆祝全国人民代表大会成立六十周年大会上的讲话》，《求知》2019 年第 10 期。

《战争与工业》书评

林彦樱

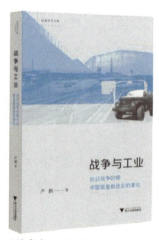

图1 《战争与工业：抗日战争时期中国装备制造业的演化》书影

摘 要： 严鹏著《战争与工业：抗日战争时期中国装备制造业的演化》2018年出版（图1）。[①] 本文首先简要介绍该书的构成（抗日战争全面爆发前中国装备工业化的状况，战争全面爆发后国统区、沦陷区、红色根据地装备工业的演化基本情况等）。其次重点就该书对经济学德国历史学派传统的双重接续与发展进行了评述。本文认为该书作者具有严谨的辩证思维，该书是一部近年中国经济史学界少有的描述分析战争与中国工业发展关系的著作，深具强烈的理论导向，史料充分。最后指出该书在完整性等方面的不足。

关键词： 战争与工业；抗日战争时期；中国装备制造业；演化

该书以"战争与工业发展"的关系为主题，运用大量史料，深入分析了抗日战争时期装备制造业如何实现发展的过程。抗日战争全面爆发后，战争引发的经济封锁和巨大需求为装备制造业的发展提供了难得的市场空间。在这样的背景下，中国的装备制造业出现了战时繁荣，一批有代表性的企业也获得了成长：资源委员会下属的中央机器厂通过引进技术，成功生产了成套的火力发电设备，在机床生产方面也取得了一定成绩；原本只是民生公司附属的维修工厂的民生机器厂，成功实现了"从维修到专造"的跨越；经历几番波折，航委会设立的"大定厂"开始了制造航空发动机的尝试。战争对于人类而言本是巨大的破坏，日本侵华战争更是给中国带来了沉重的伤害。然而，为了应对战争而扩充军备的行为却在无意间促进了中国装备制造业的发展，该书所着力描绘的，正是这种战争所带来的"非意图的结果"（unanticipated consequence）。

该书的构成大致如下。导论部分介绍研究课题、前期研究综述

林彦樱（1986—），京都大学经济学博士（日本政府国费留学生），经济史专攻。现任广岛大学社会科学研究科助教（Assistant Professor），担任日本经济史教席

---

① 严鹏：《战争与工业：抗日战争时期中国装备制造业的演化》，杭州：浙江大学出版社，2018。

和理论框架。第一章在对比了中日两国备战情况的基础上，尤其着重分析了国民政府在装备制造业方面的备战规划与工业布局，以及这一过程中的政治角力。第二到第四章是该书的主体部分，讨论大后方的装备制造业的发展。第二章主要探讨抗日战争全面爆发后大后方在受到经济封锁的情况下，装备制造业出现了战时的繁荣，并诱发了上游的钢铁产业的发展。第三章主要探讨战时国民政府实行了一系列的扶持政策，具体包括：①培育航空发动机和机床工业等战前弱小的关键性装备制造部门；②培养技术人才，派遣技术人员出国实习；③推行原料控制和政府订货等政策，缓解经济衰退对民营装备制造业的打击。第四章详细探讨了国统区装备制造业在动力设备、交通设备、农机与纺织机制造等领域取得的成就。第五章和第六章探讨了敌占区和红色根据地的装备制造业的情况。第七章则简要概括了战后装备制造业在恢复贸易和订货政策取消之后，装备制造业的重组过程。最后的结论部分在总结全书的基础上，将抗日战争时期装备制造业的演化的历史重新置于导论部分所提出的理论框架之中，并将战时的工业发展经验扩展到平时，论证了在加入经济自立的考量的前提下，幼稚产业保护政策的合理性。

　　该书不同于传统经济史研究的最大特色，是具有强烈的理论导向。经济史是经济学与历史学的交叉学科，如何处理经济理论与历史之间的张力，大概是多数经济史研究者都会面临的问题。而不同研究者对于这一问题的不同的处理方式，也构成了这一学科研究风格的多样性。在该书的自序中，作者就开宗明义地指出"本书是对经济学德国历史学派传统的双重接续与发展"，明确了该书采取的是将理论历史化的研究手法，意在"用抗日战争时期中国装备制造业的演化这一具体的历史案例，作为一种天然的实验，检验两种学说（笔者注：李斯特与赫克歇尔的争论）何者更为准确，由此引发笔者自己的理论观点"。可以看出，作者对于该书的定位是一本用历史事实来检验理论的经济学著作。这种定位，使得该书没有停留在历史叙事和史料归纳上，而是用一以贯之的问题意识和理论逻辑为主线，将庞大的史料群贯穿起来，形成了一个独特的历史图景。而作者试图通过这种理论讨论来回应近几年中国经济学界关于产业政策争论的尝试，也体现出其强烈的现实关怀。

　　该书的这种理论导向，也反映在主干部分的叙述顺序的安排上。一般以产业大类为研究对象的产业史，多以时间、空间（地区）或者产业内部的小分类来安排章节层次。该书在整体上虽然也以国统区、敌占区和红色革命根据地的空间顺序来进行划分，但是较为独特之处在于作为全书主干部分的国统区装备制造业的演化，分三章（第二、三、四章）来进行叙述。而这三章的叙述顺序，按照笔者的理解，大体上是按照作者导论部分提出的"战争—国家形成—工业发展"理论框架，也就是"战争引起的需求效应—国家加强对产业的干预—本国产业制造能力的提升"的顺序来进行叙述的，这种结构与本书的理论倾向一致，也强化了其叙事逻辑。

　　该书在叙事风格上也很有独特之处。在该书中，作者的论述不断在宏观（战时经济的大环境）、中观（各种装备制造业的演化过程）和微观（代表性企业的决策与行为）三个层面来回穿插交叠，不仅使整体的叙事更加立体而深入，还增加了作为一本学术读物的可读性。具体的企业个案和人物的引入不仅使整个叙事深入到企业决策者的决策过程与企业行为层面，而且可以关注到在特定历史时空中决策者的主体性所扮演的角色；而将企业发展的个案内嵌到宏观经济与产业发展的逻辑之中，又可以一定程度上克服一些个案分析在视野上的局限性。这使得全书既有宏观叙事，也有具体案例；既有严谨的史料归纳和分析推理，也有饶有趣味的人物与故事。在装备制造业演化过程的具体分析中，作者重视的不仅仅是战争导致的市场空间这一独特的外部条件，也十分注重在这一历史时空中的"人"的主体性的作用。

此外，作者在整体的论述中也体现了非常严谨的辩证思维。虽然作者肯定抗日战争期间装备制造业的发展，但是并没有选择性地去考察能够支撑这一论点的成功案例，而是尽量全面地向读者呈现整个装备制造业的变迁过程。正如作者在导论中所强调的，作者尝试去"详细地去叙述一个事实"，而不是"满足于简单地提出三四个事例"①。同时，即便是在机床工业等获得一定成就的行业中，作者也不忘与交战国日本进行比较，强调这些行业所取得的成果的局限性，这也体现出作者严谨的学术态度。

该书不仅使用的史料群相当庞大，而且作者比较成功地将这些史料用一以贯之的逻辑串联起来，显示出作者同时拥有突出的驾驭史料的能力和扎实的理论功底。在结论部分，作者尝试将全书的历史分析理论化，并与导论提出的问题形成了呼应。作者在该书中通过大量的史料试图论证在李斯特和赫克歇尔的辩论中，历史是站在李斯特这一边的，抗日战争时期的经济封锁确实推动了本土装备制造业的发展。进一步地，作者主张这一从历史经验推演出来的理论可以应用到平时经济当中："进一步说，既然战争这种偶然因素只不过是通过改变市场条件而发挥正面激励作用，那么，大可不必讴歌战争带来了发展，相反，在和平时期采取适当的政策去改变市场条件，当能诱导同样的工业进步。"②这种将战争与工业发展的关系一般化为幼稚产业保护政策与工业发展的关系的逻辑，与作者的坚持的理论立场是一致的。作者主张经济理论应当加入战争这一变量，从这一框架出发，工业自立对于一国而言至少是与社会福利最大化同等重要的政策目标，因而在平时经济下的幼稚产业保护政策也就有了更强的正当性。可以说，结论部分正呼应了自序开篇的那句话："本书是对经济学德国历史学派传统的双重接续与发展，既是方法上的，又是主题上的。"

最后，作为一本单独的专著，笔者认为，从内容的完整性来看，若能够有若干扩充会使该书更加充实。比如，第七章对于战后大后方装备制造业留下的历史遗产的叙述，如果能够更详细地描述代表性企业以及技术人员在战后乃至新中国时期的作用与贡献，或许能够让整个逻辑链条更加完整。从该书的问题设定来看，把绝大部分篇幅放在讨论战时期装备制造业的发展是非常合理的。只是，该书讨论的许多部门在抗日战争时期的发展只是非常初步的，而"发生"的机制和"存续"的机制是不同的，为了证明抗日战争时期的装备制造业的发展不只是昙花一现，就有必要讨论战时的遗产对于战后的乃至更长时段的影响。从这一

---

① 严鹏：《战争与工业：抗日战争时期中国装备制造业的演化》，杭州：浙江大学出版社，第11页。
② 严鹏：《战争与工业：抗日战争时期中国装备制造业的演化》，杭州：浙江大学出版社，第373页。

点上说，第七章的内容或许稍显薄弱。另外，导论部分强调了"国家形成"在战争与工业发展之间的中介作用，虽然第三章也一定程度上论及了国家权力对经济的渗透，比如工矿调整处采取的订货政策等，但是整体上说对于这一方面的论述也略显不足。不过，以上这两个方面事实上在该书的姊妹篇《战略性工业化的曲折展开：中国机械工业的演化（1900—1957）》中都有更为详细的讨论，如果将两本书结合起来阅读，不仅可以获得对中国装备制造业的演化过程更加全面的理解，同时也可以更加深入地理解作者的经济思想。

第九届传统知识历史学国际研讨会（ISHIK2019）举行

段海龙　耿　雪

2019 年 8 月 17—22 日，第九届传统知识历史学国际研讨会（International Symposium on History of Indigenous Knowledge）在内蒙古师范大学召开。本次会议主题为"新中国 70 年：中日科技与工业发展比较"。在中华人民共和国建国 70 周年之际，在积极应对中美贸易争端所带来的严峻外部环境、深入推进改革开放中，此次会议不仅具有重要的学术价值，更有积极的现实意义。

会议由国际传统知识历史学学会主办，中国科技与经济社会发展史专业委员会、中国经济史学会外国经济史专业委员会、中国工业经济学会中国工业史专业委员会、内蒙古师范大学、佐贺大学国际在来知历史学研究所共同主办，清华大学、中国社会科学院世界经济与政治研究所世界经济史研究中心、佐贺大学、日本西方史学会、佐贺大学区域文化与历史中心、佐贺现代史研究学会协办，内蒙古师范大学科学技术史研究院承办。来自中日两国共 50 余位专家学者参会交流。

会议开幕式由清华大学张涛教授主持，内蒙古师范大学副校长赵东海教授出席会议并致欢迎辞，中国社会科学院世界经济与政治研究所李毅研究员、佐贺大学教授大串浩一郎分别代表中日双方学者致辞。开幕式上，赵东海教授和大串浩一郎教授还分别代表中日双方学者交换了礼物。

新中国走过了 70 年的光辉历程，改革开放也经历了 41 个年头。在中国共产党的坚强领导下，通过中国人民艰苦卓绝的努力，中国的经济总量迅速地增大，产业结构有了很大的提升，科学技术取得了历史性的进步，人民群众的生活水平有了巨大的改善，整个国家的面貌发生了翻天覆地的变化。

李毅研究员在致辞中提到，中国面对世界经济深度调整和不确定性以及国内由高速发展向高质量发展的转型，科技创新在产业结构从中低端向中高端升级中起着决定性作用。中国还是一个发展中国家，需要不断地总结与学习国际有用经验，特别是认识与学习日本等先进工业国家在实现工业化过程中的规律及其成功实践，再结合中国科技和产业发展的实际，向着把中国建设成为现代化国家的目标前进。与此同时，我们也秉承"建设人类命运共同体"的理念，愿意与日本学者一起为世界经济的发展和增强两国人民福祉贡献我们的绵薄之力。

　　此次召开的"第九届传统知识历史学国际研讨会",是一个中日学者间学习、交流与借鉴的良好平台。中方召集人张涛教授表示,在日本佐贺大学资深学者的发起与倡导下,从 2010 年至今的近 10 年时间里,中日双方学者借助于这个平台,在包括水利、医学、考古、钢铁、分析化学等科技史领域;在经济、人文等社会科学领域,进行了传统知识历史学视角的广泛深入的研究与交流,充分发挥了优秀的历史传统与本土知识,在今天中日两国的科技发展与经济结构转型中起到重要的推动作用。近 10 年来,中国学术界先后成立了"中国科学技术史学会科技与社会发展史专业委员会""中国工业经济学会工业史专业委员会",创办了《产业与科技史研究》等刊物,团结了一大批有志于这方面研究的专家学者。

　　会议分为 2 个主题报告和 28 个分组报告展开。

　　30 场报告内容充实,视角丰富。与会的中日专家对多个报告进行了深度探讨。整个论坛围绕主题,通过中外历史比较,在传统知识历史学的视角上,实事求是地总结历史经验,探讨如何借鉴历史的、外部的有用经验,来提高人民福祉,建设现代化强国。

《产业与科技史研究》第1-5辑目录

耿雪整理

第一辑 目 录

第二辑 目 录

第三辑　目　录

第四辑 目 录

第五辑 目 录

征 稿 启 事

一、《产业与科技史研究》（英文名：*Studies on the History of Industry and Technology*）由科学出版社历史分社和中国科学技术史学会科技与经济社会史专业委员会共同创办，科学出版社出版。本刊暂拟半年刊，分别于每年 3 月和 9 月出版。首刊于 2017 年 3 月发行，现特向学界征求优质稿件，本征稿启事长期有效。

二、本刊是发表产业与科技史研究成果的专业性学术辑刊。产业与科技史研究主要以中国由传统社会向现代社会转型过程中，各实业部门的发展为研究对象，以探寻中国经济发展特有之历史基因、总结经验教训、揭示历史规律为宗旨，努力尝试结合历史学、经济学等多学科的研究方法，揭示中国产业发展的历史经验和发展脉络，为当下中国产业发展提供有益的参考。本刊下设理论探讨、学术争鸣、产业发展、区域产业、量化产业、国际比较、产业与科技、案例研究、史料发掘、口述访谈、学术动态等栏目，以期推动中国产业史研究在长时段下不同方法、不同视角、不同观点的深入对话与交流，搭建产学研各抒己见、平等讨论、共同推动中国产业发展的学术交流平台。

三、本刊为中文刊，欢迎海内外学者及各界人士赐稿。来稿须为首次发表（已在网络上发表的文章视同已出版），并请遵循国家有关著作权的法律规定，遵守学术规范。每人每期投稿以一篇为限。

四、来稿请以简体中文为准（繁体中文请自行转换字码），并附中英文题名、中英文摘要各 300 字左右、中英文关键词各 5 个。稿件篇幅以 15 000—20 000 字（含注释、参考资料）为宜，特约稿件亦将按此原则酌情处理。

五、来稿请按本刊撰稿体例撰写，引用文献资料，请选择权威版本并准确校对原文，注明资料来源。与文稿相关的图片一律采用正文附件方式发送原图（300dpi 以上的清晰大图，jpg 格式），并在正文相关位置标明，图片授权由作者自行负责。

六、本刊采取双向匿名审稿制。文章选用不拘学历资历，不限学科选题，唯学术水平与学术价值是举。来稿经初审通过后，将送请两名专家学者评审。本刊对来稿有删改权，如有不愿删改者，请于来稿中注明；编辑部在收到来稿 3 个月内发出录用通知，未有通知者可自行处理。

七、本刊不负责来稿内容的著作权问题。来稿请勿发生侵害第三人权利之事，如有抄袭、重制等侵权行为，概由投稿者承担法律责任，与本刊无关。

八、本刊发表之文字（包括纸本、网络和磁盘等形式），任何人翻印、转载、翻译等均须事先征得本刊同意。来稿若仅同意以纸本形式发表，请特别注明，未注明者视同已同意。

九、来稿请注明作者姓名、服务机构、职称（学历）、通讯地址、邮政编码、电子邮箱、电话或传真号码等信息。本刊依照相关规定支付薄酬，并于出版后赠送当期《产业与科技史研究》两册。

通信地址：北京市东城区东黄城根北街 16 号 科学出版社历史分社《产业与科技史研究》编辑部

邮政编码：100717

电　话：0086-10-64011837（王　媛）

　　　　　0086-10-64005207（李春伶）

电子邮箱：chanyeshi@126.com

征订须知

每期定价：88 元人民币

订购电话：0086-10-64034541，64011837

购书款汇入处

账户名：中国科技出版传媒股份有限公司

账号：7112 6101 8260 0024 615

开户行：中信银行北京中粮广场支行

STUDIES ON THE HISTORY OF INDUSTRY AND TECHNOLOGY

No. 6, 2019

Abstracts

The State Sector and Industrialization in China (1949-2019)

Wang Shaoguang

Abstract: In the past 70 years, the biggest change in China's economy has been the achievement of industrialization, and the level of industrialization is increasing exponentially. In this process, state-owned enterprises play an indispensable role. This article discusses the relationship between state-owned enterprises and industrialization since the founding of the People's Republic of China. It shows the extent to which the Chinese economy has changed in the past 70 years, how much change has occurred in China's economic structure in general and in its industry in particular, as well as the extent to which state-owned enterprises have contributed to such earthshaking changes.

Keywords: state-owned; enterprises; industrialization

Technological Innovation and Institutional Transformation: A Study on the Path of the Cement Industry in Modern China (1895-1937)

Lu Zhengliang

Abstract: At its birth, the cement industry in modern China faced tremendous pressure to survive. The imperialist powers, through their monopolistic advantages in the market, in technology, and in management, attempted to stifle the national enterprises that were still in their infancy, so as to monopolize the Chinese market and seize more profits.To avoid being eliminated, the national cement industry has taken various innovative measures to strengthen its competitiveness, forming a unique development path. On the one hand, a large number of advanced production technologies were introduced to improve product quality; on the other hand, it also paid attention to system innovations such as introducing the more advanced Western accounting system and organizing joint ventures among different industries. Technological innovation and institutional transformation have enhanced the competitiveness of the enterprises themselves, and the national cement industry also achieved rapid development.

Keywords: technological innovation; institutional transformation; cement industry

Debate over the Affiliation of "Provisional Neutrality" Stamps

Su Bing

Abstract: "Provisional Neutrality" stamps refers to coiling dragon stamps and postage due stamps with the words "Provisional Neutrality" overprinted on them during the Qing Dynasty. Regarding the vesting of "Provisional Neutrality" stamps, since its issuance was after the establishment of the Republic of China, various publications and academic circles have long included the stamps among the Republic of China stamps. However, at that time, the Qing Emperor had not yet abdicated, and the Qing Dynasty had not yet disintegrated. The Daqing Post Office was nominally the leading agency of China Post, and its employee, the general manager, T. Piry (French), held the real power of China Post. After the Wuchang Uprising, the postal foreign officers, represented by T. Piry, began to implement a postal neutrality policy in areas controlled by the Revolutionary Party and its military government to maintain the integrity and unification of the Qing Post. The "Provisional Neutrality" stamp was issued passively by Qing Post in this historical context, and its purpose was to respond to the request of the Revolutionary Party and its military government to change the text on the stamp from Daqing Post to Chunghwa Post. It can be seen that from the background, purpose, and issue subject of the "Provisional Neutrality" stamp, it should be the one used by the Revolutionary Party and its military-controlled area and issued by Qing Post.

Keywords: postal neutrality; provisional neutrality; stamp; affiliation; overprint

The Gold and Silver Crafts of the Zhongshan State in the Warring States Period

Su Rongyu

Abstract: This article reviews the gold and silver crafts of the Zhongshan State in the Warring States Period based on the archaeological data of excavated gold and silver wares. First, cast and forged gold and silver wares are sorted out. Following this process, gold and silver foil-stamping, cladding, fire gilding, and inlaying crafts, as well as their products, are summarized. Gold and silver cast inserting and wire drawing crafts are also discovered, revealing the richness of both special gold and silver wares and gold and silver crafts in the Zhongshan State. An examination of the bronze wares of the Zhongshan State in the Warring States Period suggests that some of the artifacts were cast in the Houma Copper Casting Workshop. Therefore, a question regarding the origin of both the raw materials and the finished products of the gold and silver wares in the Zhongshan State is raised. It is hoped that a process analysis approach can help to answer this question.

Keywords: Zhongshan State in the Warring States Period; gold and silver wares; gold and silver crafts; place of origin

Seventy Years of Research on the History of Mechanical Engineering in China

Feng Lisheng

Abstract: Research on the history of mechanical engineering in China originated in the 1920s and '30s, but the early work progressed slowly. This field of study received attention and developed rapidly when the history of science and technology began to become an organized academic undertaking after the founding of the People's Republic of China (PRC). During the 1950s and '60s, a series of general historical academic works on Chinese machinery were edited and published by Liu Xianzhou because of the important progress made in monographic studies and restoration research. Because of the Cultural Revolution, these studies were interrupted. After the reform and opening-up, the research on Chinese mechanical history was quickly restored and it mushroomed. It not only deepened the study of ancient Chinese mechanical history and promoted the investigation of traditional machinery but also opened up the modern field of study. Meanwhile, several graduate students in this subject were trained, research participation expanded, and an academic society on Chinese mechanical history was formed. This paper reviewed the development of research on the history of mechanical engineering in China in the past 70 years, since the founding of the PRC, and looks forward to the future.

Keywords: history of mechanical engineering in China; ancient; modern times; review

An Exploration of Ancient Brocade Crafts

Qian Xiaoping

Abstract: To explore, rescue, and protect the excellent ancient Chinese silk crafts, which are on the verge of dying out, the author successively reproduced a batch of representative ancient silk cultural relics and ancient looms with different mounting styles from the pre-Qin, Western and Eastern Han, Sui, Tang, Song, Yuan, Ming, Qing, and other dynasties. By combining these experiences, the author discussed ancient brocade crafts by raising a few examples, such as warp brocade, woof brocade, and Song brocade. Their artistic beauty, ingenious structures, and exquisite workmanship are worthy of exploring, summarizing, inheriting, and carrying forward.

Keywords: reproduction of cultural relics; brocade crafts; theoretical study

The exquisite skill of ancient Chinese textiles and the inheritance and development of the modern, non-heritage textile industry

Wu Di and Niu Shuangxin

Abstract: China's ancient textile handicraft industry developed a series of exquisite skills, including spinning, weaving, embroidery, dyeing, printing, and so on, with all kinds of textile products enjoying a high reputation both at home and abroad. After the reform and opening-up, with the rapid development of China's textile industry, the traditional hand-made textile technology has continued and been preserved as an intangible cultural heritage, and has been passed on and developed anew; examples include Song Brocade, summer cloth, tie-dying, and Blue Calico. The next stage, with its modern scientific approach and technology, its fashion brands, and its innovation in line with the market economy environment of the inheritance and development model, continues to enrich and promote non-heritage textile products to meet the people's high-quality cultural consumption needs.

Keywords: textile handicraft industry; non-heritage; inheritance; enrichment; innovation

Book Review: *War and Industry*

Lin Yanying

Abstract: This paper first gives a brief introduction to the composition of the book *War and Industry,* which discusses the industrialization of China's equipment before the full outbreak of the Anti-Japanese War, as well as the basic evolution of the equipment industry in the kuomintang-controlled areas, the occupied areas, and the red base areas after the full outbreak of the war. It then comments on the double continuity and development of the tradition of the German Historical School of Economics. This paper also discusses the book author's rigorous dialectical thinking, and the book's rare description of the relationship between the war and China's industrial development and economic history, as well as its strong theoretical guidance and its abundance of historical materials. At the same time, however, the paper also points out some defects in the integrity of the book.

Keywords: *War and Industry*; Anti-Japanese War; Chinese equipment manufacturing; evolution